정인문 박사 일본어 학습 시리즈 2

초급에서 중급까지
문형을 활용한 일본어 회화

정인문

Publishing Corporation

책머리에

　이 책은 지난 번의 〈시리즈 1〉에 이어 초급에서 중급까지 수준의 일본어 회화를 익히려는 학습자를 위해 엮은 것이다. 지난 〈정인문 박사 일본어 시리즈1〉은 일본어 입문에서 초급까지의 학습자를 대상으로 한 것이었다. 그 부분이 어느 정도 마스터 되었다면 이 책은 자연스레 그 진도에 맞추어지도록 엮은 것이다.
　혼자 독학하는 사람들을 대상으로 하기보다는 가르치는 사람을 통해 정확하고 실용적인 일본어를 배울 수 있도록 구성하였다. 무엇보다도 문형을 통해 일본어 회화가 가능하도록 꾸며 보았다. 현재 실제 일본에서 또는 실생활에서 쓰이고 있는 생활 일본어 형식으로 꾸몄다. 대학생들이 사용하는 문장과 현지에서 즉각 사용이 가능한 생동감이 있고, 살아있는 일본어가 되도록 노력하였다. 물론 일본어를 외국어로 하는 외국인 학습자를 위한 교재가 되도록 하였다.
　또한 어학은 그 문화에 대한 지식이 밑바탕이 되어 줄 때, 제대로 된 어학 실력이 발휘된다는 생각에서, 또는 한국식 일본어가 아닌 일본어다운 일본어가 되어야 한다는 필자의 평소의 지론에 따라 엮은 것이다.
　또 하나 덧붙인다면 이 책은 일본어 능력시험 N3에 준해서 엮었다는 것을 지적해 두고 싶다. 따라서 이 책은 일본어 공부와 더불어 일본어 능력시험을 대비하기에 최상이라는 생각이 든다.
　이 책의 체제에서 가장 역점을 둔 부분은 필자의 교수생활 25년의 체험으로부터 외국인이 일본어를 공부함에 있어서 가장 이상적인 방법은 문형을 통한 일본어 공부였던 것으로부터, 이러한 문형을 활용해서 저절로 일본어 회화가 완성되도록 하는 데 초점을 맞추어 엮었다는 것이다.
　이것은 필자가 오랫동안 일본어 학습에 종사하면서 느낀 체험이 녹아 있다는 것을 밝혀둔다. 일본어 문형을 통하여 일본어를 말하고, 쓸 수 있도록 하는 것이 가장 이상적인 일본어 학습법이라는 것을 실제 필자의 체험에서 우러난 것이기 때문이다.
　따라서 먼저 기본 문형을 제시하였고, 그에 따른 보충 어휘가 이어진다. 다음은 문형 활용이 보충되고, 초 중급 수준의 문법이 학습되도록 하였다. 마지막으로 간단한 일본 문화를 추가하였다.
　이 책도 선배 同學 연구자 여러분에게 도움을 받아 엮어진 것이다. 지면을 통해 감사의 마음을 표하고자 한다. 아울러 제이앤씨 출판사 관계자 여러분들게 감사의 말씀을 드리고 싶다.

2010년 5월
정인문 삼가 적음

목 차

책머리에 / 3

제 1과　나는 새로운 가방을 갖고 싶습니다.　11
~ほしい, ~ほしがる, ~ないでほしい, ~ている, ~てある, ~という, ~というと, ~ということだ, ~によると~そうだ, ~というものだ, ~というより, ~と言っても, ~というものではない, ~わけにはいかない, ~なくてはいけない, ~なければならない, ~ねば, ~てもかまわない, ~てもかまいませんか, ~なくてもかまわない, ~ても差し支えない
【보충 어휘】호칭, 음식
【문형 활용】만났을 때 인사, 헤어질 때의 인사
【문　　법】명사와 형용동사의 구분 요령, 존경어

제 2과　날씨가 좋아졌습니다.　23
~くなる, ~になる, ~に, ~に行く, ~な, ~くも~くもない, ~たりとも~ない, ~てはいけない, ~てはだめだ, ~てはならない, ~のに, ~なのに, ~ものの, ~はもちろん, ~はもとより, ~はともかく, ~として, ~を~として, ~うと思ったら, ~かと思うと, ~(か)と思いきゃ
【보충 어휘】학교, 회사, 과일, 감각, 의복, 조사
【문형 활용】소개할 때, 호텔
【문　　법】겸양어, 보조동사「~ている」의 쓰임새, 嗜好, 대화 속에 나오는「こ, そ, あ」의 쓰임새,「의문사+も+동사(부정)」의 용법

제 3과　그녀와 커피를 마시려고 생각했습니다.　35
~(よ)うと思う, ~(よ)うとしたら, ~にせられる, ~てみる, ~てみたい, ~んです, ~だって, ~ことだ, ~ことになる, ~ことになっている, ~ことにする, ~ことだから(=こととて, こともあって), ~긍정+ことはない, ~ないことはない, ~ないことには~ない, ~ことなしに(=ことなく), ~ことから, ~ことか, ~ことには, ~きり, ~だけ(=のみ), ~だけに, ~だけあって(=だけのことはある), ~だけでも
【보충 어휘】직업, 장신구, 소지품, 집
【문형 활용】사람을 부를 때, 안부를 물을 때
문법 : 희망,「~たがる」의 용법, 사역수동,「あの」의 쓰임새

제 4과　그녀가 일을 도와주었다.　45
~てくれる, ~てやる, ~てあげる, ~に~てもらう, ~に~を~てもらう, ~に~あげる, ~に~をくださる, ~(동사의 연용형)にくい, ~(동사의 연용형)やすい, ~(동사의 연용형)すぎる, ~(동사의 연용형)はじめる, ~(동사의 연용형)おわる, ~抜く, ~(동사의 연용형)きる, ~きれない, ~きり~ない, ~のほうがいい, ~たほうがいい, ~ないほうがいい, ~とも, ~ざるをえない(=やむを得ず), ~を禁じ得ない, ~しかない, ~しか~ない)
【보충 어휘】병원, 교통지리, 동사, 형용동사, 부사

【문형 활용】말을 걸 때, 병원,
【문　　법】양자 비교, 다수 비교, 「何」의 읽기

제 5과　　돈이 있으면 결혼합니다.　　　　　　　　　　　　　　　　57
~ば, ~と, ~なら, ~たら, ~とすれば, ~ちゃ, ~そうだ, ~らしい, ~げに, ~ようだ, ~かのようだ, ~ようがない, ~よう, ~ようでは(じゃ)ないか, ~なさい, ~ください, ~てくれ, ~だらけ, ~たまま
【보충 어휘】가게
【문형 활용】질문을 할 때, 부탁・동의
【문　　법】형식명사・복합명사, 「ないで」와 「なくて」의 차이

제 6과　　상담한 끝에 결정했다.　　　　　　　　　　　　　　　　　67
~末に, ~あげくに, ~たびに, ~とともに, ~と比べて, ~わりに, ~を中心にして, ~を問わず, ~を巡って, ~次第, ~たとたんに, ~一方で(は), ~一方だ, ~あまり, あまり~ない, ~ないではいられない, ~ないものでもない, ~かどうか, ~かな
【보충 어휘】형용사, 의성어・의태어
【문형 활용】응답할 때
【문　　법】자동사와 타동사, 「た」형의 쓰임새, 「형용사+명사」의 용법

제 7과　　그것에 관해서는 관심이 없다.　　　　　　　　　　　　　　75
~に関しては, ~に応えて, ~に渡って, ~をこめて, ~を通じて, ~までもない, ~までだ, ~までのことだ, ~おそれがある, ~より, ~より~方がいい, ~のほうが~より~だ, ~は~かったり~かったりする, ~たり~たりする, ~し~し, ~やら~やら, ~だの~だの, ~とか~とか, も~ば~も, ~初め, 初めて, ~を初めとする
【보충 어휘】음료수, 우편, 자연, 동사
【문형 활용】고마울 때, 축하와 사죄할 때
【문　　법】원인・이유, 「何の, どんな」의 차이

제 8과　　의견을 들어 본 위에 결정하다.　　　　　　　　　　　　　　85
~の上では, ~上に, ~た後で, ~て以来, ~ることがある, ~たことがある, ~くする, ~てくる, ~なくなる, ~にする, ~なくなる, ~てくる, ~ていく, ~ほど, ば~ほど, ~ほど~ない, ~ほどの~ではない, ~こそ, ~ばこそ, ~なんか, ~に~を~させる, ~(さ)せてください, ~させていただく, ~ができる, ~ことができる, ~が~られる
【보충 어휘】동사, 형용동사, 부사
【문형 활용】사과할 때, 授受 표현
【문　　법】어드바이스, 예정・희망, 「から, だから」의 차이

제 9과　　그는 저금은커녕 빚 투성이이다.　　　　　　　　　　　　　95
~どころか, ~どころではない, ~ところだった, ~ところによると, ~ところに, ~というところだ, ~たところで, ~ところまで行く, ~るところだ, ~ているところだ, ~ところを見ると, ~るところだった, ~ところを見ると, ~ゆえに, ~ので, ~ために, ~から, ~からの, ~てから, ~から~まで
【보충 어휘】동사, 자・타동사, 우주
【문형 활용】축하할 때, 확인과 응답

【문   법】 허락・양해, 의무・금지, 금지의 3대 표현, 「~ために」 용법에서의 유의점, 「~から, だから」의 용법 차이점

제10과   술은 마셔도 좋다.   107
~てもいい, ~といい, ~てもいいですか, ~てもいいから, ~なくてもいい, ~なくて, ~ないで, ~ずに, ~ないつもりだ, ~つもりはない, ~ましょう, ~ましょうか, ~でしょう, ~だろう, ~だろうと思う, ~と, ~(の)とおりに, ~かもしれない, ~てしまう, ~ておく
【보충 어휘】 형용사, 접속사, 감탄사, 가게
【문형 활용】 맞장구칠 때
【문   법】 목적・의도, 추측

제11과   기뻐서 어쩔 줄 모르겠다.   117
~てたまらない, ~てしょうがない, ~てはいられない, ~がる, ~ように, ~ようにする, ~ようになる, ~(よ)うとする, いくら~ても, たとい~ても, ~さえ, もし~ば, ~けれども, ~だったら(でしたら), ~の間に, ~うちに, ~しないうちに, ~ばかり~ている, ~てばかりいる, ~たばかりだ
【보충 어휘】 매장, 전화, 생활용품
【문형 활용】 부탁할 때, 전화, 식당
【문   법】 様態・伝聞, 授受 표현, 동작을 주고받는 표현

제12과   나는 어머니에 의해 아침 일찍 깨워졌습니다.   129
~に~られる(직접수동), ~に~を~られる, ~に~られる(피해의 수동), ~終える, ~なおす, ~かえす, ~出す, ~はずだ, ~はずがない, ~はずなのに, ~ないはずがない, ~だに~ない, ~がちだ, ~っぽい, ~気味, ~に代わりに, ~に代わって, ~最中に, ~が最後, ~のみならず, ~たい, ~たがる
【보충 어휘】 부사
【문형 활용】 우편, 부탁을 받을 때, 희망
【문   법】 변화 표현, 축약형

제13과   선생님은 지금 영어를 가르치십니다.   141
お~になる, お~です, ~でございます, お~ですか, お~ください, お~くださいませんか, いらっしゃる, くださる, なさる, 召す, おっしゃる, ご存じだ, 亡くなる, ご覧になる, お出でになる, ~ておる, お~する, おる, まいる, 申す, 拝見する, いただく, いたす, 存じる, お目にかかる, お目にかける
【보충 어휘】 집 구조, 날씨, 모양, 형용동사
【문형 활용】 방문
【문   법】 가정・조건

제14과   어린이라 해도 가볍게 봐서는 안 된다.   151
~といえども, ~といえば, ~とはいえ, ~とはいっても, ~とはいうものの, ~おかげで, ~せいで, ~せいか, ~くせに, ~과거+あげく, ~과거+以上は, ~上は, ~抜き(にして)で, ~の下で, ~の下に, ~をもとにして, ~したら(=すれば), ~ながら, ~ながらに, ~ながらも, ~(より)ほか~ない, ~にほかならない, ~に決っている, ~にすぎない
【보충 어휘】 동사, 형용동사

【문형 활용】 약속
【문   법】 부탁・지시・명령, 동사의 명령형

제15과   그렇다면 울 것이다.　　　　　　　　　　　　　　　　　　　　　161
~わけだ, ~わけは(が)ない, ~わけではない, ~わけにはいかない, ~をきっかけに, ~つづける, ~つつある, ~つつも, ~まい, ~うが~まいがと, ~연용형+かねる, ~연용형+かねない, ~難い, ~難くない, ~にはあたらない, ~には及ばない, ~にとどまらず, ~もかまわず, ~명사+ばかり, ~ばかりに, 부정(ん)ぬ+ばかりに, ~(と)+ばかりに, ~ばかりか~も, ~ばかりだ
【보충 어휘】 양념, 신체기관, 맛
【문형 활용】 식사
【문   법】 간접수동, 사역수동

제16과   저 사내는 눈매로 봐서 빈틈이 없을 것 같다.　　　　　　　　　173
~からすると, ~からいうと, ~から見ると, ~からある, ~からといって, ~から~にかけて, ~からには, ~からに, ~연용형+ぬ, ~の, ~こと, ~もの, ~さ, ~ぞ, ~か, ~な, ~かしら, ~ぜ, ~とも, ~って, ~や, ~(과거형)っけ
【보충 어휘】 요리
【문형 활용】 음식, 예약
【문   법】 존경어, 겸양어・정중어

제17과   아버지의 이야기는 당연히 들어야 하는 법이다.　　　　　　　183
~ものだ, ~ものがある, ~もので, ~(과거 た)ものだ, ~もので, ~ものを(=のに), ~ものか(=もんか), ~ものなら, ~ものではない, ~(よ)うものなら, ~をものともせず, ~かけの, ~かける, ~に限る, ~に限りに(=を最後に), ~に限って, ~に限らず, ~限りでは, ~限り, ~限りだ, ~ない限り, ~ついでに, ~がてら
【보충 어휘】 장소
【문형 활용】 대화를 진행할 때, 말문이 막힐 때, 말문을 막을 때, 대화 전환
【문   법】 형용사의 명사화, 예외 5단동사, 「~ば」의 주의점, 「~と」의 주의점

제18과   먹지 않을 수 없다.　　　　　　　　　　　　　　　　　　　　193
~ずにはいられない, ~ずにはおかない, ~ないで(=ずに)はすまない, ~べし, ~べきだ, ~べく, ~べからず, ~べきではない, だって~もの(もん), ~ごと, ~目, ~方, ~際には, ~ごろ, ~付き, ~ぶり, ~一回り, ~ら, ~なんて, ~とも, ~おきに
【보충 어휘】 종조사, 동물, 생선
【문형 활용】 대화를 마무리할 때, 의견을 말할 때, 제안할 때, 제안을 받아들일 때, 제안을 거절할 때
【문   법】 의지를 나타내는 다른 표현, 권유・의지 사용에서의 주의할 점, 겸양 표현에서의 주의할 점

제19과   커피를 마시고 있어요.　　　　　　　　　　　　　　　　　　　203
보통체, 반말체, ~てる, ~とく, ~ちゃう, ~って, あんた, ~わからんこと, ~てんでしょっ, ~ったら, ~なっくちゃ, ~もん, ~見れる, こりゃ, そら, やっぱ, ~の, ~こと, ~さ, ~もの, ~ぞ, ~か, ~な, ~ぜ, ~や
【보충 어휘】 동물, 식물, 여행
【문형 활용】 보통체

【문   법】「~ようと思う」의 사용에서의 주의할 점, 조사 사용에서의 차이

제20과   편도로 좋으시겠습니까?   217
생활 일본어, ~でよろしいですか, ~したいんですが, ~でお願いします, ~ていただけますか, ~てもいいですか, ~何ですか, ~んですが, ~てください, ~たらいい, ~間違えました, ~みたいだ, ~に間に合う, ~が買えます, ~でも構いません, ~となっております, ~はずです, ~ようになっています, ~てくださいませんか, ~ないと, ~させてもらえます, ~てよかった, ~って何ですか, ~かねます

【보충 어휘】

【문형 활용】백화점, 화장품 가게, 방송, 교통, 아르바이트, 미용실, 취업 면접, 비행기, 은행

【문   법】

참고문헌 / 226

초급에서 중급까지
**문형을 활용한
일본어회화**

제1과 나는 새로운 가방을 갖고 싶습니다.

~ほしい, ~ほしがる, ~ないでほしい, ~ている, ~てある, ~という, ~というと, ~ということだ, ~によると~そうだ, ~というものだ, ~というより, ~と言っても, ~というものではない, ~わけにはいかない, ~なくてはいけない, ~なければならない, ~ねば, ~てもかまわない, ~てもかまいませんか, ~なくてもかまわない, ~ても差し支えない

기본문형

1 ~ほしい　　　　　　　　　　　　　　　~갖고 싶다, 필요하다
私は新しいかばんがほしいです。　　　저는 새로운 가방을 갖고 싶습니다.

2 ~ほしがる　　　　　　　　　　　　　~하고 싶어하다(희망·욕구, 제3자의 희망)
彼女は白いくつをほしがっている。　　그녀는 흰 구두를 갖고 싶어 한다.

3 ~ないでほしい　　　　　　　　　　　~하지 말아 주기 바란다.
これ以上は何も言わないでほしい。　　이 이상은 아무 말도 하지 말아 주세요.

4 ~ている　　　　　　　　　　　　　　~어/아 있다(상태)
冷蔵庫に果物が入っています。　　　　냉장고에 과일이 들어 있습니다.

5 ~ている　　　　　　　　　　　　　　~하고 있다(진행)
まだ読んでいます。　　　　　　　　　아직 읽고 있어요.

6 ~てある　　　　　　　　　　　　　　~어/아 있다(상태)
部屋の電気がつけてあります。　　　　방의 불이 켜져 있습니다.(켜 놓았다.)

7 ~という　　　　　　　　　　　　　　~라는
これは何というスポーツですか。　　　이것은 무슨 스포츠입니까?

8 ~というと　　　　　　　　　　　　　~라고 하면
彼は旅行というと必ず海外に行く。　　그는 여행이라고 하면 꼭 해외로 간다.

9 ~ということだ　　　　　　　　　~라고 한다(伝聞)
大学のまわりは静かで住みやすいということです。
　　　　　　　　　　　대학 주위는 조용해서 살기 좋다고 합니다.

10 ~によると~そうだ　　　　　　　~에 의하면 ~라고 한다(伝聞)
新聞によると明日は寒くなるそうです。
　　　　　　　　　　　신문에 의하면 내일은 추워진다고 합니다.

11 ~というものだ　　　　　　　　~라는 것이다(伝聞)
合格おめでとう。努力したかいがあったというものだ。
　　　　　　　　　　　합격 축하해. 노력한 보람이 있었다는 것이다.

12 ~というより　　　　　　　　　~이라기 보다는
君は学生というより、むしろ社会人だ。
　　　　　　　　　　　너는 학생이라기보다 오히려 사회인이다.

13 ~と言っても　　　　　　　　　~라고 해도(해 봤자)
料理ができると言っても、卵焼きぐらいです。
　　　　　　　　　　　요리를 할 줄 안다고 해도 계란말이 정도입니다.

14 ~というものではない　　　　　~하는 것은 아니다
彼が悪いというものではない。　그가 나쁘다는 것은 아니다.

15 ~わけにはいかない　　　　　　~할 수 없다(불가능)
君にすべてを任せるわけにはいかない。　너에게 모든 것을 맡길 수는 없다.

16 ~なくてはいけない　　　　　　~않으면 안 된다(주관적인 당연·의무)
今日、出席しなくてはいけません。　오늘 출석하지 않으면 안 됩니다.

17 ~なくてはいけない(ならない)　　~이 아니면 안 된다, ~하지 않으면 안 된다
ビールは冷たくなくてはいけません。　맥주는 차지 않으면 안 됩니다.

18 ~なければならない　　　　　　~하지 않으면 안 된다(~해야 한다)(당연)

手をあげてから答えなければならない。 손을 들고 나서 대답해야 한다.

19 ~ねば　　　　　　　　　　　　~하지 않으면, ~해야 할

さあさあ買って買って。いま買わねば損だよ。
　　　　　　　　　　　자! 자! 사요, 사요. 지금 사지 않으면 손해요.

20 ~てもかまわない　　　　　　　~해도 상관없다

このビデオは子供が見てもかまいません。
　　　　　　　　　　　이 비디오는 어린이가 봐도 상관없습니다.

21 ~てもかまいませんか　　　　　~해도 상관없습니까?(허락)

休んでもかまいませんか。　　　쉬어도 상관없습니까?

22 ~なくてもかまわない(いい)　　~하지 않아도 상관없다, ~안 해도 되다(불필요)

あの会社は未婚でなくてもかまわない。 저 회사는 미혼이 아니어도 상관없다.

23 ~ても差し支えない　　　　　　~해도 지장이 없다(허용, 허락)

お邪魔しても差し支えありませんか。 찾아뵈어도 지장이 없겠습니까?

보충어휘

호칭

家族(かぞく) 가족	両親(りょうしん) 양친	主人(しゅじん), 夫(おっと) 남편(자신의)
家内(かない), 妻(つま) 처, 부인	兄弟(きょうだい) 형제	姉妹(しまい) 자매
ご主人(しゅじん), 奥(おく)さん 남의 남편, 부인을 높여 부르는 말		

음식

ご飯(はん) 밥	おかず 반찬	パン 빵	ラーメン 라면
饂飩(うどん) 우동	そば 메밀국수	水(みず) 물	湯(ゆ) 따뜻한 물
おひや 찬 물	お茶(ちゃ) 차	牛乳(ぎゅうにゅう) 우유	

문형활용

만났을 때 인사

何かいいことでもあるんですか。	무슨 좋은 일이라도 있어요?
いまどこへ?	어디 가세요?
いい天気ですね。	날씨가 좋네요.
あまり天気がよくないですね。	별로 날씨가 좋지 않군요.
また雨になりそうですね。	또 비가 올 것 같군요.
気分はどうですか。	기분은 어떠세요?
この頃いかがですか。	요즘은 어떠십니까?
事業はうまく行っていますか。	사업은 잘 되십니까?
何か変わったことはない?	별일 없어?
お目にかかれてとてもうれしいです。	뵙게 되어 매우 기쁩니다.
お知り合いになれてうれしく思います。	알게 되어 기쁘게 생각합니다.
お会いできてうれしいです。	만나서 반갑습니다.
お名前は何ですか。	이름은 뭡니까?
お名前は何と読みますか。	성함은 어떻게 읽습니까?
いつもお近づきになりたいと思っていました。	늘 가까이서 뵙고 싶었습니다.
お目にかかるのを楽しみにしていました。	뵙기를 기대하고 있었습니다.
おうわさはかねがね伺っておりました。	말씀은 그전부터 많이 듣고 있었습니다.
お名前だけは知っておりました。	성함만은 알고 있었습니다.
名刺をどうぞ。あなたのもいただけますか。	제 명함입니다. 당신 것도 받을 수 있을까요?
お名刺をいただけますか。	명함을 주시겠습니까?
はじめまして	처음 뵙겠습니다.
どうぞよろしくお願いします。	잘 부탁합니다.
こちらこそよろしくお願いします。	이쪽이야말로 잘 부탁합니다.
しばらく(だね)	오래간만이야.(주로 남자가 씀)

久(ひさ)しぶり。	오래간만이야.
しばらくです(ね)。	오래간만입니다.
お久(ひさ)ぶりです(ね)。	오래간만입니다.
また、明日(あした)。	내일 또.(만납시다)
お元気(げんき)ですか。	건강하십니까. 안녕하십니까.
お陰(かげ)さまで。	덕분에 (잘 있습니다).
まあ、なんとか。	네, 그럭저럭 (해 나가고 있습니다).
相変(あいか)わらずです。	여전합니다.(그냥 잘 지내고 있습니다)
いかがですか。	어떻습니까.
いかがお過(す)ごしですか。	어떻게 지내십니까.
まあまあです。	그저 그렇습니다.
それはなによりです。	그건 무엇보다 다행입니다.

헤어질 때의 인사

じゃ(あ)ね。	안녕.
またね。	또 보자.
じゃ、また。	그럼, 또 봐요.
お気(き)をつけて。	조심해 가세요.
失礼(しつれい)します。	실례하겠습니다. 가 보겠습니다.
失礼(しつれい)しました。	실례가 많았습니다. (폐를 끼쳐 죄송합니다.)
お邪魔(じゃま)しました。	폐를 끼쳤습니다. (방해해서 죄송합니다.)
お先(さき)に。	먼저 갈게.
お先(さき)に失礼(しつれい)します。	먼저 가 보겠습니다.
お疲(つか)れさま。	수고 많았어.
お疲(つか)れさまでした。	수고 많았습니다.
ご苦労様(くろうさま)。	수고했어.
お元気(げんき)で。	건강하세요. (앞으로 한동안 보지 못할 사람과 헤어질 때 하는 인사)

お世話になりました。　　　　신세졌습니다.
お大事に。　　　　　　　　　몸조리 잘 하세요.
　　　　　　　　　　　　　　(병에 걸리거나 다친 사람에게 헤어질 때 쓰는 인사)

문법정리

명사와 형용동사 구분 요령

「~하다」와 「~이다」를 붙여 보면 명사와 형용동사의 구분이 가능해진다.
예) 신촌 + 이다(명사), 건강 + 하다(형용동사)

존경어

1. 行く, 来る → いらっしゃる   가시다. 오시다.
2. いる → いらっしゃる   계시다.
3. 行く, 来る → おいでになる   가시다. 오시다.
4. 行く, 来る → お越しになる   가시다. 오시다.
5. 言う → おっしゃる   말씀하시다.
6. する → なさる   하시다.
7. くれる → くださる   주시다.
8. 寝る → お休みになる   쉬시다.
9. 食べる, 飲む → 召し上がる   잡수시다.
10. 見る → ご覧になる   보시다.
11. ~だ → ~でいらっしゃる   ~이시다.
12. 知っている → ご存じだ   아시다.

경의를 나타낼 때 주의할 점

윗사람에게는 사용해서는 곤란한 것은 다음과 같은 것이 있다.

1. 상대방의 욕구를 묻는다.(×)
   가. コーヒーが飲みたいですか。(×) → コーヒーでもいかがですか。 커피라도 어떻습니까?

나. 何か召し上がりたいですか。(×) → 何か召し上がりますか。뭐라도 드시겠습니까?

2. 상대방의 능력을 묻는다.(×)
    가. 運転できますか。(×) → 運転なさいますか。운전하시겠습니까?(상대방인 윗사람에 대해 상대방이 할 수 없게 되면 곤란한 것에 대해서「できますか(가능합니까)」라는 형태로 묻지 않는 것이 좋다)

3. 고마움의 강요(×)
    가. 荷物を持ってあげます。(×) → 荷物をお持ちしましょう。짐을 들겠습니다.

제1과 나는 새로운 가방을 갖고 싶습니다 19

문화

- 「さようなら」는 조심해서 사용해야 한다. 이 어휘는 잘 쓰는 말이 아니다. 일단 거리감이 느껴지고 앞으로 한 동안 못 볼 것 같은 뉘앙스를 가지고 있다. 헤어져서 다시 안 보면 괜찮겠지만 함부로 사용하기가 곤란하다. 헤어질 때 인사로는 여러 가지가 있지만 「失礼します」가 가장 무난하다.

- 「お疲れ様でした」와 「ご苦労様でした」에 대한 구별은 「お疲れ様でした」는 동년배나 윗사람에게 쓸 수 있는 것인데 비해, 「ごくろさまでした」는 위아래 관계가 명백한 경우 윗사람이 아랫사람에게 쓰는 인사말이다. 절대로 윗사람에게 쓰면 안 되는 말이다.

다음 문장을 밑줄 친 부분에 유의하면서 日訳해 보자.

1. 싫더라도 테스트는 치루지 않으면 안 됩니다.

    ⇨

2. 내일은 도와주러 오지 않아도 괜찮다.

    ⇨

3. 여기서는 무슨 얘기를 해도 상관없습니다.

    ⇨

4. 그녀는 참가하지 않는 답니다.

    ⇨

 # 날씨가 좋아졌습니다.

~くなる, ~になる, ~に, ~に行く, ~な, ~くも~くもない, ~たりとも~ない, ~てはいけない, ~てはだめだ, ~てはならない, ~のに, ~なのに, ~ものの, ~はもちろん, ~はもとより, ~はともかく, ~として, ~を~として, ~うと思ったら, ~かと思うと, ~(か)と思いきゃ

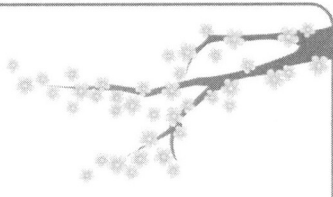

기본문형

1. ~くなる — ~해 지다, ~이 되다
   天気がよくなりました。
   날씨가 좋아졌습니다.

2. ~になる — ~이(가) 되다
   日本語が上手になりました。
   일본어를 잘하게 되었습니다.

3. ~に — ~하러
   ご飯を食べに帰ります。
   밥을 먹으러 귀가합니다.

5. ~に行く — ~하러 가다(행위·동작의 목적)
   あなたはインドへ何をしに行くのですか。
   당신은 인도에 무엇 하러 갑니까?

5. ~な — ~하지 마(금지)
   最後まであきらめるなよ。
   마지막까지 단념하지 마라.

6. ~くも~くもない — ~지도 ~지도 않다
   鉛筆は長くも短くもありません。
   연필은 길지도 짧지도 않습니다.

7. ~たりとも~ない — 비록 ~라도 ~않다(전면 부정)
   試合までは一日たりとも練習を休むわけにはいかない。
   시합까지는 비록 단 하루라도 연습을 쉬어서는 안 된다.

8. ~てはいけない — ~해서는 안 된다(강한 금지)
   りんごは高くてはいけません。
   사과는 비싸서는 안 됩니다.

제2과 날씨가 좋아졌습니다 23

9 ~てはだめだ　　　　　　　　　~해서는 안 된다(금지)
お酒を飲んではだめです。　　　술을 마셔서는 안 됩니다.

10 ~てはならない　　　　　　　~어서는 안 된다(객관적인 금지)
人は約束を破ってはなりません。　사람은 약속을 어겨서는 안 됩니다.

11 ~のに　　　　　　　　　　　~는데(역접)
三人前も食べたのにまたお腹がすきました。
　　　　　　　　　　　　　　　3인분이나 먹었는데 또 배가 고팠습니다.

12 ~なのに　　　　　　　　　　~인데도
彼は元気なのに、働かない。　　그는 건강한데도 일하지 않는다.

13 ~ものの　　　　　　　　　　~는, ~지만(역접)
図書館には行ったものの勉強はできない。
　　　　　　　　　　　　　　　도서관에는 갔지만 공부는 되지 않는다.

14 ~反面　　　　　　　　　　　~하는 반면
恐ろしい反面おかしくもあった。　무서운 반면 이상하기도 했다.

15 ~はもちろん　　　　　　　　~은 물론
英語はもちろんのことでドイツ語もできる。
　　　　　　　　　　　　　　　영어는 물론이고 독일어도 할 수 있다.

16 ~はもとより　　　　　　　　~은 말할 것도 없이, ~은 원래부터
試験はもとより賛成です。　　　시험은 말할 것도 없이 찬성입니다.

17 ~はともかく　　　　　　　　~은 어떻든 간에, ~은 어쨌든
それはともかく試合には勝った。　그것은 어쨌든 간에 시합은 이겼다.

18 ~として(は, も, の)　　　　~로서(는, 도, 의)
私は留学生として日本へ行く。　나는 유학생으로서 일본에 간다.

19 ~を~として　　　　　　　　~을 ~으로 하여(정함)

彼女を先生として勉強会を開いた。 그녀를 선생님으로 해서 스터디를 열었다.

20 ~うと思ったら　　　　　　　　　~려고 했더니

パンを食べようと思ったらかびが生えている。

빵을 먹으려고 했더니 곰팡이 나 있다.(생겨 있다)

21 ~かと思うと　　　　　　　　　~인가 싶더니

あの子は家へ帰るかと思うと道で遊んでいる。

저 아이는 집에 돌아가는가 싶더니 길에서 놀고 있다.

22 ~(か)と思いきや　　　　　　　~일거라 생각했더니

悲しくて泣いているのかと思いきや、うれしさのあまり泣いていた。

슬퍼서 우는 줄 알았더니 너무 기쁜 나머지 울고 있었다.

제2과 날씨가 좋아졌습니다 25

보충어휘

학교

教室 교실	友人 친구, 우인	工夫 연구, 고안	小学校 초등학교
中学校 중학교	高校 고등학교	大学 대학교	

회사

社長 사장	部長 부장	チーム長 팀장	次長 차장
課長 과장	係長 계장	代理 대리	主任 주임
社員 사원	事務室 사무실	出張 출장	

과일

果物 과일	林檎 사과	梨 배	栗 밤
なつめ 대추	柿 감	苺 딸기	西瓜 수박
桃 복숭아	すもも 자두	杏 살구	

감각

匂 냄새	香り 향기	感じ 느낌	聞き取り 듣기, 청취
騒音 소음	雑音 잡음	感覚 감각	視覚 시각
味覚 미각	触覚 촉각	聴覚 청각	

의복

背広 양복	スーツ 양복	水着 수영복	上着 상의
ズボン 바지	下着 속옷		

조사

~か ~까?	~が ~이(가), ~을(를), ~이지만
~から ~부터, ~로, ~때문에, ~에서	~くらい, ぐらい ~정도, ~쯤
~ごろ ~경, ~쯤	~し ~하고
~しか ~밖에	~だけ ~만, ~뿐, ~만큼
~ほど ~정도, ~만큼	~けれども ~지만
~で ~에서, ~으로, ~때문에, ~일로	~と ~와, ~과 함께
~など ~등, ~따위	~に ~에, ~에게, ~하러, ~하기 위하여
~より ~보다, ~부터	~の ~의, ~인, ~의 것
~は ~은, ~는	~ばかり ~정도, ~만
~へ ~에, ~으로	~も ~도, ~이나
~や ~랑, ~이나	ね ~군요, ~이지요
~よ ~예요	~よね ~이지
~を ~을, ~에서	~まで ~까지

제2과 날씨가 좋아졌습니다

문형활용

소개할 때

田中さんを紹介しましょう。	다나카 씨를 소개하지요.
友人の木村さんを紹介します。	친구 기무라 씨를 소개하겠습니다.
よかったら今度彼に紹介しましょうか。	괜찮으시다면 이번 그에게 소개할까요?
金さん、佐藤さんに会うのは初めてですね。	김 씨, 사토 씨를 만나는 것은 처음이지요.
李さん、こちらは田中さんです。	이 씨, 이쪽은 다나카 씨입니다.
こちらがうちの娘で、こちらが妻です。	이쪽은 우리 아이이고, 이쪽이 아내입니다.
こちらがこの本の著者の小川先生です。	이 분이 이 책의 저자인 오가와 선생님입니다.
金さん、こちらが私の上司の田中です。	김 씨, 이쪽은 제 상사인 다나카입니다.
ちょっと自己紹介させてください。	잠깐 제 소개를 하겠습니다.
どこかお会いしたことはありませんか。	어디서 만난 적이 없습니까?
こんにちは、私のこと覚えてますか?	안녕하세요, 저를 기억하십니까?
すみません、別の人と間違えてしまいました。	죄송합니다. 다른 사람으로 착각했습니다.
どこのお生まれですか。	어디 출신입니까?
こちらの生活はどうですか。	이곳 생활은 어떻습니까?

호텔

お部屋でお待ちください。	방에서 기다려 주십시오.
追加注文をしたいんだけど。	추가로 주문을 하고 싶습니다만.
いつ始まるんですか。	언제 시작되는 겁니까.
あと二つです。	이제 두 개 남았습니다.
ご注文の料理をお持ちしました。	주문하신 요리를 갖고 왔습니다.
はい、今開けます。	네 지금 열겠습니다.
こちらでよろしいでしょうか。	여기 놓아 드릴까요.(이쪽이 좋을까요)

こちらにサインをお願いいたします。	여기에 사인을 부탁드리겠습니다.
さきほど、終了いたしましたが。	조금 전에 영업시간이 끝났습니다만.
え？どうしよう。	네? 어떻게 하지?
何か持って来てもらえませんか。	뭐 좀 갖다 주실 수 없겠습니까.
申し訳ございません。すべて終了いたしましたので。	정말 죄송합니다. 전부 끝났기 때문에.
どうにかなりませんか。	어떻게 안 될까요.
七時から営業いたします。	7시부터 영업을 합니다.
そちらを、ご利用いただけませんでしょうか。	그쪽을 이용하시면 안 될까요.
朝食はすぐ食べられますか。	아침식사는 바로 먹을 수 있을까요.
はい、すぐにお召し上がりになれます。	네, 바로 드실 수 있습니다.
お役に立てなくて、申し訳ございません。	도움이 되지 못해서(도움을 드리지 못해서) 죄송합니다.
お陰さまで、本当に楽しかったです。	덕택에 정말로 즐거웠습니다.
部屋に忘れものをしてしまったのですが。	방에 물건을 잊고 나와 버렸습니다만.
チェックアウトはなさいましたか。	체크아웃은 하셨습니까.

문법정리

겸양어

1. 食べる, 飲む, もらう → いただく　　　(삼가)받다, 먹다
2. 聞く, 訪ねる → 伺う　　　찾아뵙다, 여쭙다
3. 言う → 申す, 申し上げる　　　아뢰다, (삼가)말하다
4. 会う → お目にかかる　　　만나 뵙다, 찾아뵙다
5. 来る, 行く → 参る　　　(삼가)가다, 오다
6. あげる → 差し上げる　　　드리다
7. いる → おる　　　(삼가)있다
8. 知る → 存じる　　　(삼가)알다
9. 見る → 拝見する　　　(삼가)보다
10. する → 致す　　　(삼가)~하다

보조동사 「~ている」의 쓰임새

여기서의 「いる」는 보조동사로써 주어가 사람이나 사물에 관계없이 모두 쓰인다. 앞의 동사가 동작의 성질을 가지는가, 아니면 상태만을 나타내는가에 따라 진행이나 상태를 보조해 주는 역할을 가진 것이 보조동사이다. 타동사는 현재진행을 나타내고, 자동사는 현재 상태를 나타낸다.

1. 書いている。　　　쓰고 있다.
2. 子供はテレビを見ています。　　　어린이는 텔레비전을 보고 있습니다.
3. 開いている。　　　열려 있다.
4. 壁に時計が掛かっています。　　　벽에 시계가 걸려 있습니다.

■ 嗜好 ~을 좋아하다, ~싫어하다

명사를 원하는 표현은 「ほしい」, 좋고 싫음을 나타내는 기호의 표현은 「好きだ, 嫌いだ」이다. 타동사가 아니므로 목적격 조사 「を」와 어울리지 않는다. 「が」 조사와 호응하는 단어(희망, 감정, 감각, 가능 표현)의 경우는 「すき, きらい, じょうず, へた, わかる, ほしい, ~たい, できる」가 있다.

1. 水がほしいです。　　　　　　　　　物이 필요합니다.
2. 私は猫が好きです。　　　　　　　　나는 고양이를 좋아합니다.
3. 運動が嫌いです。　　　　　　　　　운동을 싫어합니다.

■ 대화 속에 나오는 「こ・そ・あ」의 쓰임새

1. 이야기하는 사람이나 상대방이 공통으로 알고 있는 사실이면 → 「あ」

    가. きのう駅前の花屋で花を買ったんだけど…。
    　　어제 역 앞의 꽃집에서 꽃을 샀는데….
    나. ああ、あの店ね。あそこは、店員さんが親切だね。
    　　아, 그 상점. 거기는 점원이 친절하지.

2. 그 외는 → 「そ」

※ 한 사람이 이야기할 경우

    가. 이야기하는 사람의 이야기 속에 나오는 사물이면 → 「そ」

    ㄱ) 弟はいまパン屋でアルバイトをしています。
    　　남동생은 빵가게에서 아르바이트를 하고 있습니다.
    ㄴ) そのパン屋はとてもおいしいんです。 그 빵집은 대단히 맛있습니다.

3. 단 이야기를 하는 사람에게 가까운 것, 또는 특별한 관심이나 감정을 가지고 있는 것에는 「こ」를 사용하는 경우가 많다.

    ㄱ) わたしの娘の名前はゆり子です。 저의 딸 이름은 유리코입니다.

ㄴ) この子はいま、幼稚園に通っています。
　　 의 아이는 유치원에 다니고 있습니다.

「의문사 + も + 동사(부정)」의 용법

1. 전면 부정을 나타낸다.

　　가. 教室にだれもいません。 교실에 아무도 없습니다.
　　나. 冷蔵庫に何もありません。 냉장고에 아무것도 없습니다.

2. 한국어에는 「누구, 아무, 무엇, 아무 것」으로 나누어 사용하지만 일본어에는 그런 구분이 없다.

　　가. 部屋にだれがいますか。 방에 누가 있습니까?
　　나. だれもいません。 아무도 없습니다.

연습문제

다음 문장을 밑줄 친 부분에 유의하면서 日訳해 보자.

1. 담배를 피워<u>서는 안 됩니다</u>.

   ⇨

2. 절대로 운전을 하<u>지 마라</u>.

   ⇨

3. 어제는 친구 병문안<u>하러</u> 갔습니다.

   ⇨

4. 저 아이는 아이<u>인데도</u> 담배를 피우고 있습니다.

   ⇨

제3과 그녀와 커피를 마시려고 생각했습니다.

~(よ)うと思う, ~(よ)うとしたら, ~にせられる, ~てみる, ~てみたい, ~んです, ~だって, ~ことだ, ~ことになる, ~ことになっている, ~ことにする, ~ことだから(=こととて, こともあって), ~긍정+ことはない, ~ないことはない, ~ないことには~ない, ~ことなしに(=ことなく), ~ことから, ~ことか, ~ことには, ~きり, ~だけ(=のみ), ~だけに, ~だけあって(=だけのことはある), ~だけでも

기본문형

1 ~(よ)うと思う　　　　　　　　　~하려고 생각하다
彼女とコーヒーを飲もうと思いました。 그녀와 커피를 마시려고 생각했습니다.

2 ~(よ)うとしたら　　　　　　　　~려고 한다면, ~려고 하는데
寝ようとしたら電話がかかってきた。 자려고 하는데 전화가 걸려왔다.

3 ~にせられる　　　　　　　　　~에게 시킴을 당하다, ~때문에 할 수 없이 ~하다
夫は妻に皿を洗わせられました。
　　　　　　　　　　남편은 아내 때문에 할 수 없이 설거지를 했습니다.

4 ~てみる　　　　　　　　　　　~해 보다
母と料理を作ってみる。　　　　어머니와 요리를 만들어 보다.

5 ~てみたい　　　　　　　　　　~해 보고 싶다
恋人と花見に行ってみたい。　　애인과 꽃구경하러 가 보고 싶다.

6 ~んです　　　　　　　　　　　~하는 것입니다(강조)
飲まないんです。　　　　　　　마시지 않습니다.(강조)

7 ~だって　　　　　　　　　　　~라도, ~뭐든지, ~역시
私だっていやです。　　　　　　저라도 싫습니다.
何だって食べられる。　　　　　뭐든지 먹을 수 있다.

8 ~ことだ　　　　　　　　　　　　　　┃ ~해야 한다(주장)
　　それはやはり自分でやることだ。　　　그것은 역시 자신이 해야 하는 것이다.

9 ~ことになる　　　　　　　　　　　　┃ ~하게 되다(확정)
　　飲むことになる。　　　　　　　　　　마시게 되다.

10 ~ことになっている　　┃ ~하게 되어 있다(의지 이외의 곳에서 결정된 결과가 규칙을 나타낸다)
　　今日一時から会議をやることになっています。
　　　　　　　　　　　　　　　　　　　　오늘 1시부터 회의를 하게 되어 있습니다.

11 ~ことにする　　　　　　　　　　　　┃ ~하기로 하다(결심)
　　飲むことにする。　　　　　　　　　　마시기로 하다.

12 ~ことだから(=こととて, こともあって)　┃ ~때문에, ~이므로
　　ことがことだから面倒だ。　　　　　　일이 일이니까 귀찮다.

13 ~긍정 + ことはない　　　　　　　　　┃ ~할 필요가 없다,
　　~부정 + ことはない　　　　　　　　　┃ ~하지 못할 것도 없다
　　時間があるから急ぐことはない。　　　시간이 있으니까 서두를 필요는 없다.

14 ~ないことはない　　　　　　　　　　┃ ~하지 않는 것은 아니다
　　ボシンタンを食べられないことはない。　보신탕을 먹지 않는 것은 아니다.

15 ~ないことには~ない　　　　　　　　┃ ~하지 않고는~(부정형)
　　本人からくわしい話を聞かないことには、何もわからない。
　　　　　　　　　본인한테서 자세하게 이야기를 듣지 않는 이상은 아무것도 알 수 없다.

16 ~ことなしに(=ことなく)　　　　　　┃ ~하는 일 없이
　　働くことなく遊んでばかりいる。　　　일하는 것 없이 놀고만 있다.

17 ~ことから　　　　　　　　　　　　　┃ ~때문에
　　足跡が大きいことから、どうやら犯人は男らしい。
　　　　　　　　흔적이 크기 때문에 어쩌면 범인은 남자인 것 같다.

18 ~ことか　　　　　　　　　　　　~인가, ~이던
君のことをどんなに心配したことか。　너를 얼마나 걱정하였던가.

19 ~ことには　　　　　　　　　　　~하게도, ~하더니
不思議なことに声はするのに姿が見えない。
　　　　　　　　　　　이상하게도 소리는 나는데도 모습이 보이지 않는다.

20 ~きり　　　　　　　　　　　　~뿐, ~밖에(한정), ~한 채 ~않다
残りはこれきりですか。　　남은 것은 이것뿐입니까?
別れたきり見えない。　　헤어진 후 볼 수 없다.

21 ~だけ(=のみ)　　　　　　　　　~뿐, ~만큼
期待していただけに失望も大きい。　기대하고 있었던 만큼 실망도 크다.

22 ~だけに　　　　　　　　　　　~한 만큼, ~답게
彼は料理一筋で生きてきただけに、こだわりというものがある。
　　　　　　　그는 요리만으로 살아왔던 만큼 그 나름대로의 고집이라는 게 있다.

23 ~だけあって(=だけのことはある)　~인 만큼(~가치가 있다)
時間をかけた作品だけあってさすがに見事なものだ。
　　　　　　　　　시간을 걸려서 만든 작품인 만큼 과연 훌륭하다.
努力しただけのことはあった。　노력한 만큼의 가치는 있었다.

24 ~だけでも　　　　　　　　　　~만으로도
見ているだけでも幸せだ。　보고 있는 것만으로도 행복하다.

보충어휘

직업

公務員 공무원	サラリーマン 회사원	自営業 자영업	取締役 중역, 임원
頭取 은행장	上役 상관, 상사	下役 부하직원	芸能人 연예인
アルバイト 아르바이트	フリーター 아르바이트로 사는 사람		

장신구

ズボン 바지	スカート 스커트	ストッキング 스타킹	パンツ 팬티
スラックス 슬랙스, 여성용 바지		スリッパ 슬리퍼	サンダル 샌들
ブーツ 부츠	革靴 가죽 구두	スニーカー 스니커	運動靴 운동화
靴下 양말	長靴 장화	眼鏡 안경	
イヤリング 이어링, 귀걸이		ネックレス 목걸이	指輪 반지
ピアス 피어스	リボン 리본	コンタクトレンズ 콘택트렌즈	
櫛 빗	サングラス 선글라스		

소지품

名刺 명함	ケータイ 휴대폰	メモ 메모	タバコ 담배
ハンカチ 손수건	ライター 라이터	針 바늘	糸 실
手袋 장갑			

집

マンション 맨션	アパート 아파트	一戸建て 한 채 건물, 단독주택	
お宅 댁	屋上 옥상	屋根 지붕	玄関 현관
塀 울타리	台所 부엌	お手洗い 화장실	トイレ 화장실
応接間 응접실	居間 거실	寝室 침실	書斎 서재
キッチン 부엌			

문형활용

사람을 부를 때

おい！	어이!
あのう。	저-.
あのう、すみません。	저, 실례합니다.
もしもし。	여보세요.
あのう、ちょっと…。	저, 잠깐….
ねえ、ちょっと待って。	저, 잠깐 기다려(요).
もしもし、これ落としました。	여보세요, 이거 떨어뜨렸네요.
すみません、ちょっとうかがいたいのですが。	실례합니다만, 좀 여쭤보고 싶은데요.
君たち、ここで何をしてるんだ。	너희들 여기서 뭐하고 있는 거야.
みなさん、聞いてください。	여러분 들어 주세요.
お父さん！	아버지!
お母さん！	어머니!
先生！	선생님!
ウエートレスさん！	웨이트레스 씨!
守衛さん！	경비 아저씨!
お嬢さん、ハンカチ落としましたよ。	아가씨, 손수건이 떨어졌어요.
あのう、木村さん！	저, 기무라 씨!
田中さん、ちょっとすみません。	다나카 씨, 잠깐 실례해요.

안부를 물을 때

その後どうでしたか。	그동안 어땠습니까?
みんなさびしがっていましたよ。	모두가 적적해 하였습니다.
お子さんはもうおいくつになられたのですか。	아드님은 이제 몇 살이 되었습니까?

歳月は早いもんですね。	세월 참 빠르네요.
元気そうですね。	건강해 보이는 군요.
いつも若いですね。	언제나 젊으시군요.
お体の具合はもうよろしいですか。	건강은 이제 괜찮으세요?
ご家族のみなさんは元気ですか。	가족 분들은 잘 지내십니까?
ご両親はお元気ですか。	부모님은 잘 지내십니까?
あの方はどうしていらっしゃるか、ご存じですか。	그 분은 어떻게 지내시는지 아십니까?
皆様、お元気でなによりです。	여러분 모두가 건강해서 다행입니다.
やあ、長いこと会いませんでしたね。	야, 오랫동안 만나지 못했군요.
ずっと忙しかったんです。	계속 바빴습니다.
気をつけてね!	조심해서 가요!
いずれまた近いうちに会いましょう。	언제 가까운 시일 내로 또 만납시다.
そのうち電話してね。	그 사이 전화 줘요.
手紙をちょうだい。	편지해 줘.
帰ってこなくちゃだめだよ。	돌아와야 해.
お父さんによろしく。	아버님께 안부 전해 주세요.
ご家族の方にくれぐれもよろしくお伝えください。	가족 모두에게 부디 안부 전해 주세요.
見送りに来てくれて、ありがとう。	전송 나와 주셔서 고마워요.

문법정리

■ 희망「~하고 싶다, ~했으면 좋겠다」

「~たい」는 동사의「ます형」에 연결되어「~하고 싶다」라는 뜻이 된다.「ほしい」「もらいたい」는 받고 싶은 마음, 원하는 마음을 표현한다. 그러한 경우에는「~てほしい」「~てもらいたい」의 형태로「~을 해 주기 바란다」는 표현이 된다. 즉 타인의 행동을 원하는 표현이다.

1. 「~を~/ ~が + ~たい」 ~을(가) 하고 싶다.
   가. コーヒーが飲みたい。 커피를 마시고 싶다.
2. 「SにVてほしい」 S가 V해 주었으면 좋겠다.
   가. 家に来てほしい。 집에 와 주었으면 해. (와 주기 바래.)
3. 「SにVてもらいたい」 S가 V해 주었으면 좋겠다.
   가. 私の作品をみんなに見てもらいたい。 내 작품을 봐 주었으면 해.(봐 주기 바래.)

■「~たがる」의 용법

「~하고 싶어하다」라는 뜻으로 3인칭의 희망을 나타낸다.「~たがる」는「たい + がる」에서「~たがる」로 된 것이다.「~がる」는 형용사의 어간에 붙어 3인칭 표현을 나타낸다.

1. さむい → さむがる 추워하다

■ 사역수동 표현

동사의 사역수동 표현은「~(さ)せられる」를 붙여서 만드는데 5단 동사에는「せられる」를, 나머지 동사에는「させられる」를 붙인다. 해석은 자연스럽게「~때문에 할 수 없이 ~하다」로 하면 된다.

■ 우리말과 다른「あの」의 쓰임새

「こ・そ・あ・ど」가 반드시 우리말의「이・그・저・어느」에 대응되는 것은 아니다. 우리말의 지시대명사와 다르게 사용될 때가 있다.

1. 말하는 이와 듣는 이 둘 다 아는 사실을 말할 때
   - 가. 그 사람 → あの人
2. 과거를 회상할 때
   - 가. 그 때 → あの時

문화

● 한국어의 「예」에 해당하는 표현은 일본어의 경우는 「はい」인데, 사실은 「はい」라는 어휘는 좀 딱딱한 대답이라 할 수 있다. 교수님이 출석을 부를 때나 상사의 지시를 받을 때 등에 「はい」라고 대답한다. 일상적으로 대화를 나눌 때는 「ええ」정도가 가장 무난하다. 편하게 말을 나누고 있는 장소에 「はい」라는 어휘를 쓰면 너무 딱딱하고 경직된 느낌을 준다.

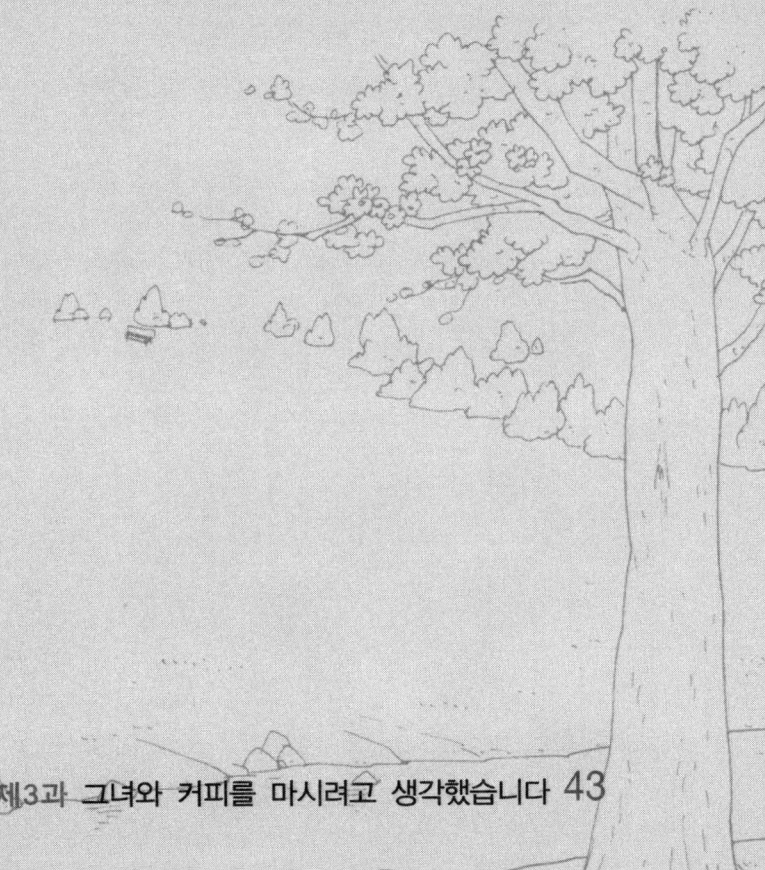

다음 문장을 밑줄 친 부분에 유의하면서 日訳해 보자.

1. 지금 바로 쓰려고 생각합니다.

    ⇨

2. 사기 전에 한번 신어 봅니다.

    ⇨

3. 일주일 이내에 반환하기로 되어 있습니다.

    ⇨

4. 고향에 돌아가기로 했습니다.

    ⇨

 그녀가 일을 도와주었다.

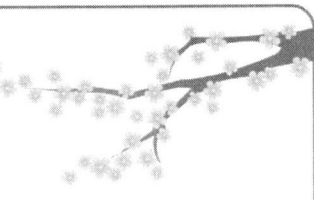

~てくれる, ~てやる, ~てあげる, ~に~てもらう, ~に~を~てもらう, ~に~あげる, ~に~をくださる, ~(동사의 연용형)にくい, ~(동사의 연용형)やすい, ~(동사의 연용형)すぎる, ~(동사의 연용형)はじめる, ~(동사의 연용형)おわる, ~抜く, ~(동사의 연용형)きる, ~きれない, ~きり~ない, ~のほうがいい, ~たほうがいい, ~ないほうがいい, ~とも, ~ざるをえない(=やむを得ず), ~を禁じ得ない, ~しかない, ~しか~ない

기본문형

1 ~てくれる　　　　　　　　　　　　　　　~해 주다(남이 나에게)
彼女が仕事を手伝ってくれた。　　　그녀가 일을 도와주었다.

2 ~てやる　　　　　　　　　　　　　　　~해 주다(아랫사람에게 쓰는 말)
野球は僕が教えてやるよ。　　　야구는 내가 가르쳐 줄게.

3 ~てあげる　　　　　　　　　　　　　　~해 주다(내가 남에게)
私もレポートを書いてあげました。　저도 리포트를 써 주었습니다.

4 ~に~てもらう　　　　　　　　　　　　~에게 ~해 받다. ~이 ~해 주다
母に料理を作ってもらいました。　어머니에게 요리를 만들어 받았습니다.
　　　　　　　　　　　　　　　　　　(어머니가 요리를 만들어 주었습니다)

5 ~に~を~てもらう　　　　　　　　　　~에게 ~을(를) ~해 받다(부탁)
重病だった私は神様に命を助けてもらいました。
　　　　　　　중병이었던 나에게 신이 생명을 구해주었습니다.

6 ~に~あげる　　　　　　　　　　　　　~에게 ~을 주다(수급)
彼は彼女に花をあげた。　　　그는 그녀에게 꽃을 주었다.

7 ~に~をくださる　　　　　　　　　　　~에게 ~을 주시다(수급)
先生はうちの妹に本をくださった。　선생님은 내 여동생한테 책을 주셨다.

8 ~(동사의 연용형) にくい　　　　　　　　　~하기 어렵다

そんなことは言いにくい。　　　　　　그런 것은 말하기 어렵다.

⑨ ~(동사의 연용형) やすい　　　　　　~하기 쉽다
それは行いやすい。　　　　　　　　그것은 행하기 쉽다.

⑩ ~(동사의 연용형) すぎる　　　　　　너무~하다
今日は食べすぎた。　　　　　　　　오늘은 과식했다. (너무 많이 먹었다)

⑪ ~(동사의 연용형) はじめる　　　　　~하기 시작하다
社員たちが出勤しはじめた。　　　　사원들이 출근하기 시작했다.

⑫ ~(동사의 연용형) おわる　　　　　　다~하다
喉が乾くて水を飲みおわった。　　　목이 말라서 물을 다 마셨다.

⑬ ~抜く　　　　　　　　　　　　　(연용형 +)끝까지 ~하다, ~을 거르고, ~을 앞지르다
読みぬく。　　　　　　　　　　　　독파하다.
走り抜く。　　　　　　　　　　　　앞질러 달려가다.(제치고 앞지르다)

⑭ ~(동사의 연용형) きる　　　　　　　끝까지 ~하다
金を使いきる。　　　　　　　　　　돈을 다 써버리다.

⑮ ~きれない　　　　　　　　　　　다 ~할 수 없다
数えきれないほどのお金。　　　　　다 셀 수 없을 정도의 돈.

⑯ ~きり~ない　　　　　　　　　　　~한 채 ~이 않다
初恋の彼とは去年のクラス会で会ったきり、会っていない。
　　　　　첫사랑하고는 작년의 동창회에서 만난 후로 만나지 못하고 있다.

⑰ ~のほうがいい　　　　　　　　　~이 좋다(우열의 비교)
洗濯機は全自動のほうがいいです。　세탁기는 전자동이 좋습니다.

⑱ ~たほうがいい　　　　　　　　　~하는 편이 좋다(충고, 조언)
その会議は参加したほうがいいです。　그 회의는 참가하는 편이 좋습니다.

19 ~ないほうがいい　　　　　　　　　~하지 않는 편이 좋다
　寝る前には何も食べないほうがいいです。
　　　　　　　　　　　　　　　자기 전에는 아무것도 먹지 않는 게 좋습니다.

2 ~とも　　　　　　　　　　　　~하더라도, ~이기는 하나
　どんな事があろうとも動いてはいけません。
　　　　　　　　　　　　　　　어떤 일이 있더라도 움직여서는 안 됩니다.

21 ~ざるをえない(=やむを得ず)　　　~하지 않을 수 없다(마지못해)
　言わざるを得ない。　　　　　　말하지 않을 수 없다.

22 ~を禁じ得ない　　　　　　　　~을 금할 수 없다
　悲しみを禁じ得ない。　　　　　슬픔을 금할 수 없다.(슬픔을 금치 못한다)

23 ~しかない　　　　　　　　　　~할 수밖에 없다(부정)
　一生懸命食べるしかない。　　　열심히 먹을 수밖에 없다.

24 ~しか~ない　　　　　　　　　~밖에 ~없다
　これができるのはあなたしかいません。
　　　　　　　　　　　　　　　이 일을 할 수 있는 것은 당신밖에 없어요.

제4과 그녀가 일을 도와주었다 47

보충어휘

병원

病院 병원	外科 외과	歯科 치과	耳鼻科 이비인후과
小児科 소아과	産婦人科 산부인과	歯医者 치과의사	内科 내과
病気 병	入院 입원	退院 퇴원	診察 진찰
治療 치료			

교통 지리

右に曲がる 오른쪽으로 돌다	ゆき止まり 막다른 곳	交番のとなり 파출소 옆
デパートの向かい 백화점 맞은편	道をわたる 길을 건너다	

동사

通る 건너다, 통과하다	帰る 돌아가다	入る 들어가다
知る 알다	切る 자르다, 베다	減る 감소하다, 줄다
要る 필요하다	走る 달리다	限る 한정하다, 한하다
しゃべる 수다 떨다	散る 흩어지다	参る 「いく, くる」의 겸양어
混じる 섞이다	足す 더하다	引く 빼다
分ける 나누다	掛ける 곱하다	

형용동사

簡単だ 간단하다	楽だ 편하다, 쉽다	真面目だ 성실하다
親切だ 친절하다	暇だ 한가하다	立派だ 멋있다, 훌륭하다
おしゃれだ 멋있다, 세련되다	素敵だ 근사하다, 멋지다	幸せだ 행복하다
有名だ 유명하다	便利だ 편리하다	シャイだ 부끄럽다
変だ 석연치 않다, 이상하다	安全だ 안전하다	危険だ 위험하다
大切だ 소중하다	大事だ 중요하다	可哀想だ 불쌍하다

부사

もっとも 무엇보다도, 가장	一番(いちばん) 제일	特(とく)に 특히
とても 매우	大変(たいへん) 대단히	非常(ひじょう)に 굉장히
ずいぶん 무척, 꽤	かなり 상당히, 꽤	結構(けっこう) 꽤, 상당히
なかなか 제법, 꽤, 상당히	まあまあ 그럭저럭	あまり 그다지
別(べつ)に 별로	それほど 그 정도로	全然(ぜんぜん) 전혀
ちっとも 조금도	まったく 하나도, 완전히	いっぱい 가득
だいぶ 많이, 꽤	たくさん 많이	ちょっと 약간, 조금
もっと 더욱, 더	割合(わりあい)(に) 비교적	ちょうど 딱, 마침
例(たと)えば 예를 들면	絶対(ぜったい)(に) 절대로	なるべく 되도록, 될 수 있는 대로
きっと 꼭, 반드시	ぜひ 부디, 반드시	どうしても 어떻게라도, 아무래도
もしかしたら 어쩌면	どうも 아무래도	たしか 분명히, 확실히
多分(たぶん) 아마	もし 만약, 만일	まだ 아직
すでに 이미	やっと 간신히, 겨우	ようやく 겨우
なぜ 왜	どうして 어째서	なんで 무엇 때문에, 왜
どう 어떻게	いくら 아무리, 얼마	どんなに 아무리, 어떻게
だんだん 점점	どんどん 쑥쑥, 성큼	こつこつ 꾸준히
いよいよ 드디어	とうとう 마침내, 결국	

문형활용

말을 걸 때

いい天気ですね。	날씨가 좋군요.
いやな天気ですね。	우울한 날씨군요.
この席はどなたかおられますか。	이 자리에는 누가 있습니까?
ご遠方までお出かけですか。	멀리까지 가십니까?
すばらしい眺めですね。	경치가 멋지네요.
ちょっと失礼します。すぐ戻ります。	잠깐 실례하겠습니다. 곧 돌아오겠습니다.
こちらは初めてですか。	여기는 처음입니까?
何かお役に立てますか。	좀 도와 드릴까요?
お困りのようですが、私にできることがありますか。	난처한 것 같은데요, 제가 할 수 있는 게 있습니까?
少し顔色が悪いようですね。	좀 안색이 안 좋은 것 같군요.
日本の方ですか。	일본 분이십니까?
先生、すみません。質問してもよろしいでしょうか。	선생님, 실례합니다. 질문해도 되겠습니까?
お話の途中ですけど…。	말씀 중입니다만….
いまお忙しいですか。	지금 바쁘십니까?
ちょっとお話ししてもいいでしょうか。	잠깐 말씀드려도 되겠어요?
ちょっとお時間をいただけますか。	잠깐 시간을 주시겠습니까?
お話中失礼ですが、ちょっとお話をしたいのですが。	말씀 중에 실례합니다만 잠깐 말씀드리고 싶은 게 있는데요.
お手間はとらせません。	시간을 많이 드릴 수 없습니다.
二、三分でよろしいですか。	2, 3분인데 되겠습니까?
ご用件をどうぞ。	용건을 말씀하세요.

取引をしたいんですが。　　　　　　　　　　거래를 하고 싶습니다만.
契約の件について商談したいんですが。　　　계약 건에 대해서 상담하고 싶습니다만.

병원

湿布薬をあげますから、毎日はりかえてください。
　　　　　　　　　　　　　　　　　　　　　습포약을 드리겠으니 매일 갈아붙이세요.
治るまでにおふろに入らないでください。　　나을 때까지 목욕을 삼가하여 주세요.
ご飯を食べた後、飲んでください。　　　　　밥을 먹은 후(식후) 먹으세요.
赤ちゃんの歯が生えてきました。　　　　　　아기의 치아가 났습니다.
病気のお見舞いには果物とかお花などが好まれます。
　　　　　　　　　병문안에는 과일이라든가, 꽃 등이 호평을 받습니다.(인기가 있습니다)

문법정리

■ 양자 비교

둘 중에서 하나를 선택하는 것을 양자비교라 한다면, 셋 이상 중 하나를 선택하는 것을 다수비교라 할 수 있다.

1. 선택요구 「AとB(と)どちらがCですか。」 ~과 ~(와) 누가, 무엇이 ~합니까.
   가. 金さんと鈴木さんと、どちらが背が高いですか。
   김 씨와 스즈키 씨 어느 쪽이 키가 큽니까?

2. 우등선택 「~のほうが~より(もっと)です。」 ~쪽이 ~보다 (더)~합니다.
   가. 金さんのほうが背が高いです。 김 씨 쪽이 키가 큽니다.
   나. 今日より明日のほうが都合がいいです。 오늘보다 내일 쪽이 형편이 낫습니다.

3. 열등선택 「~は~ほど~くありません。」 ~은 ~만큼 ~하지 않습니다.
   가. 鈴木さんは金さんほど足が速くありません。
   스즈키 씨는 김 씨만큼 빠르지 않습니다.

■ 다수 비교

의문사를 사용한다. 대답은 「~の中で, 一番」 등을 사용한다.

1. 선택요구 「~の中で ~が一番~ですか。」 ~중에서는 ~이 가장 ~합니까.
   가. タクシーとバスと電車の中で何が一番便利ですか。
   택시와 버스 전철 중에서 무엇이 가장 편리합니까?

2. 선택 「~の中では~が一番~です。」 ~중에서는 ~이 가장 ~합니다.
   가. 日本の山の中では富士山が一番高いです。
   일본 산 중에서는 후지산이 가장 높습니다.

「何」의 읽기

「무엇」이라는「何」는 뒤에 오는 음절에 따라 읽는 방법이 달라진다. 기본적인 읽는 법은「なに」이지만, 조사「の」나 조수사 앞에서는「なん」이라고 발음하고,「で」앞에서는「なん/なに」두 가지로 읽는다.

1. 何(なに)と何(なに)を買(か)いますか。 무엇과 무엇을 삽니까?
2. 何(なに)で会社(かいしゃ)へ行(い)きますか。 무엇을 타고 회사에 갑니까?
   何(なん)で会社(かいしゃ)へ行(い)きますか。 무엇을 타고 회사에 갑니까?
3. それは何(なん)の本(ほん)ですか。 그것은 무슨 책입니까?
4. 休(やす)みは何曜日(なんようび)ですか。 휴일은 무슨 요일입니까?

문화

● 일본 와카시(和菓子)

일본 고유의 과자를 와카시(和菓子)라고 하는데 일본에서는 계절마다 식물을 모티브로 한 아름다운 와카시(和菓子)가 과자점의 쇼윈도를 장식하여 새로운 계절이 왔음을 알린다. 3월 3일의 ひな祭り 행사 때 먹는 桜餅, 5월 5일의 단오 때 먹는 柏餅 등의 떡 종류와 함께, 와카시(和菓子)를 대표하는 것에는 煎餅가 있다. 센베는 일본 간장을 발라 구운 바삭바삭한 맛이 특징인데, 근래에는 김, 콩, 새우 등의 재료를 넣은 것, 참깨나 설탕을 뿌린 것, 김에 싼 것 등 다양한 스타일과 맛을 선보이고 있다.

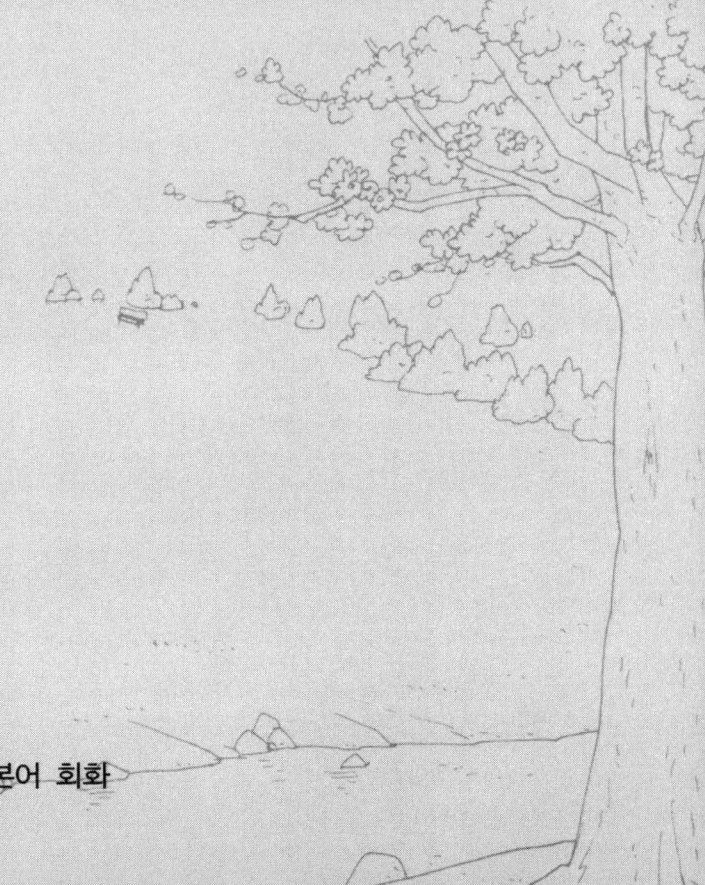

연습문제

다음 문장을 밑줄 친 부분에 유의하면서 日訳해 보자.

1. 부모님이 책을 많이 사 <u>주셨다</u>.

    ⇨

2. 나는 선생님께 사진을 <u>보내 드렸습니다</u>.

    ⇨

3. 이 우산은 무거워서 쓰기 <u>어렵다</u>.

    ⇨

4. 초등학교에 <u>다니기 시작한다</u>.

    ⇨

제5과 돈이 있으면 결혼합니다.

~ば, ~と, ~なら, ~たら, ~とすれば, ~ちゃ, ~そうだ, ~らしい, ~げに, ~ようだ, ~かのようだ, ~ようがない, ~よう, ~ようでは(じゃ)ないか, ~なさい, ~ください, ~てくれ, ~だらけ, ~たまま

기본문형

1. ~ば ~하면(조건)
   お金があれば結婚します。 돈이 있으면 결혼합니다.

2. ~と ~하면, ~더니(필연적, 진리, 명제)
   この道をまっすぐ行くと薬屋が見えます。 이 길을 곧장 가면 약국이 보입니다.

3. ~なら ~하면(행동보다 먼저 일어나는 가정)
   留学するならどの国が一番いいですか。 유학한다면 어느 나라가 가장 좋습니까?

4. ~たら ~하면(연속 상황에서의 가정)
   学校へ行ったら誰もいませんでした。
   학교에 갔더니 아무도 없었습니다.
   明日は遠足だから、晴れたらいいなぁ。
   내일은 소풍이니까 맑았으면 좋겠다.
   父や母が元気だったらなぁ。 아버지와 어머니가 건강하셨으면.

5. ~とすれば ~라고 하면
   そうだとすれば君が悪い。 그렇다고 하면 너가 나쁘다.

6. ~ちゃ(じゃ) ~면(축약)
   この線をふんちゃいけません。 이 선을 밟으면 안 됩니다.

7. ~(동사 연용형, 형용사 어간) そうだ ~인 것 같다(양태, 시각적인 판단)

あの木は倒れそうですね。 　　　　　저 나무는 쓰러질 것 같군요.

8 ~(원형) らしい 　　　　　~인 것 같다(객관적인 판단)
誰がいるらしいですね。 　　　　　누가 있는 것 같군요.

9 ~(원형) みたい 　　　　　~인 것 같다(비유)
玄関に誰が来たみたいですね。 　　　　　현관에 누가 온 것 같군요.

10 ~げに 　　　　　~한 듯이(시각적 판단)
彼は悲しげな様子で話した。 　　　　　그는 슬픈 듯한 모습으로 말했다.

11 ~(연체형) ようだ 　　　　　~할 것 같다(정보와 근거, 불확실성에 근거한 추측)
今日は寒いようです。 　　　　　오늘은 추울 것 같습니다.

12 ~かのようだ 　　　　　마치 ~인 것 같다
外はまるで台風が来たかのようだ。 　　　밖은 마치 태풍이 온 것 같았다.

13 ~ようがない 　　　　　~할 수가 없다
何とも言いようがない。 　　　　　뭐라 말할 방법(수가) 없다.

14 ~(う)よう 　　　　　~하자, ~주지(권유, 의지)
一緒にテニスをやろう。 　　　　　함께 테니스를 하자.
君にこの本をあげよう。 　　　　　자네에게 이 책을 주지.

15 ~ようでは(じゃ)ないか 　　　　　~해 보자!, ~해 보자꾸나.
そんなにおいしいなら一度食べてみようじゃないか。
　　　　　그렇게 맛있다면 한 번 먹어 보자꾸나.

16 ~なさい 　　　　　~세요, ~거라(명령형)
もっとはっきり言いなさい。 　　　　　더 확실히 말하세요.(말하거라.)

17 ~ください 　　　　　~해 주세요
教室を出てください。 　　　　　교실을 나가 주세요.

| 18 | ~ないでください | ~하지 말아 주세요 |

大きい声で話さないでください。
큰소리로 이야기하지 마세요.

| 19 | ~てくれ | ~해 주어(명령형, 의뢰·요구) |

僕にも見せてくれ。
나에게도 보여 줘.

| 20 | ~(연용형) + っっこない | ~할 리 없다 |

彼女はボシタンを食べっこない。
그녀는 보신탕을 먹을 리가 없다.

| 21 | ~だらけ | ~투성이 |

泥だらけになって戦った。
진흙투성이가 되어 싸웠다.

| 22 | ~たまま | ~한 채 |

車が止まったまま動きません。
차가 멈춘 채 움직이지 않습니다.

보충어휘

가게

喫茶店 찻집	コーヒーショップ 커피숍	八百屋 채소가게	本屋 책방, 서점
レストラン 레스토랑	ラーメン屋 라면가게	カラオケ 가라오케	美容院 미용원
酒屋 술집			

문형활용

질문을 할 때

もう一つ、質問があります。	하나 더 질문이 있습니다.
そのことについてちょっと聞いてもいいですか。	그것에 대해서 잠깐 물어도 괜찮겠습니까?
それはいつのことですか。	그것은 언제의 일입니까?
報告書のことなんですけど、どう思いますか。	보고서 건입니다만 어떻게 생각합니까?
今、何とおっしゃいました?	지금 뭐라고 말씀하셨습니까?
何ですって?	뭐라고요?
ごめん、僕に言ってたんだね。	미안, 내게 말했었지?
いまのところ、聞こえなかったんですが。	방금 한 말 들리지 않았습니다만.
いま、何をしているんですか。	지금 무엇을 하고 있습니까?
何から始めましょうか。	무엇부터 시작할까요?
何の話をしているの?	무슨 말을 하고 있는 거지?
それは何階にありますか。	그건 몇 층에 있습니까?
何のご用件でお出かけですか。	무슨 용무로 나가십니까?
これは何の列ですか。	이것은 무슨 줄입니까?
誰を推薦しましょうか。	누구를 추천할까요?
誰からその話を聞いたのですか。	누구한테 그 이야기를 들었습니까?
どなたさまでしょうか。	누구십니까?
どれが正しいのですか。	어느 것이 맞습니까?
週末はどう過ごすつもりですか。	주말은 어떻게 보낼 예정입니까?
お茶はどのようになさいますか。	차는 어떻게 드시겠습니까?
ここでの生活はどうですか。	여기서의 생활은 어떻습니까?
なぜ来ないの?	왜 안 오는 거지?

使ったら、なぜ自分で片付けないんだ。　　　사용했으면, 왜 스스로 안 치우지?
全部でいくらですか。　　　　　　　　　　　전부해서 얼마입니까?
距離はここからどのくらいですか。　　　　　거리는 여기서 어느 정도입니까?
あのう、ちょっとすみません。　　　　　　　저, 잠시 실례하겠습니다.
ちょっとお伺いします。　　　　　　　　　　잠시 여쭙겠습니다.
お尋ねします。　　　　　　　　　　　　　　여쭙겠습니다.
どのくらいかかりますか。　　　　　　　　　어느 정도 걸립니까.
原宿へ行きたいんですが。　　　　　　　　　하라주쿠에 가고 싶습니다만.

부탁 · 동의
窓を開けてもいいですか。　　　　　　　　　창문을 열어도 좋습니까.
テレビを見てもいいですか。　　　　　　　　텔레비전을 봐도 좋습니까.
タバコを吸ってもいいですか。　　　　　　　담배를 피워도 괜찮겠습니까.
だめ。　　　　　　　　　　　　　　　　　　안 돼.

문법정리

형식명사, 복합동사

형식명사에는 연체형으로 연결한다. 복합동사는 항상 「ます형」에 연결된다.

1. 연체형 +

    가. 「~ことにする」 ~하기로 하다
    日本へ行くことにした。 일본에 가기로 했다.

    나. 「~ことになる」 ~하기로 되다
    日本へ行くことになった。 일본에 가는 걸로 되었다.

    다. 「~はずだ」 (틀림없이)~할 것이다
    彼はあした来るはずです。 그는 내일 틀림없이 올 것입니다.

    라. 「~つもりだ」 ~할 생각(작정)이다
    私も行くつもりです。 나도 갈 작정입니다.

    마. 「~ために」 ~을 위해서
    日本へ行くためにバイトをしています。
    일본에 가기 위해 아르바이트를 하고 있습니다.

    바. 「~ように」 ~하도록
    毎日行くようにしています。 매일 가도록 하고 있습니다.

    사. 「~かわりに」 ~대신에
    東京へ行くかわりに大阪へ行きます。 동경에 가는 대신에 오사카에 갑니다.

2. 「ます형」 +

    가. 「~すぎる」 (과도하게, 지나치게)~하다
    漫画を読みすぎた。 만화를 너무 읽었다. (보았다.)

    나. 「~だす」 ~하기 시작하다
    急に話し出した。 갑자기 이야기를 하기 시작했다.

    다. 「~おわる」 다~하다
    やっと食べ終わった。 겨우 다 먹었다.

라. 「~つづける」 계속~하다
　　小説を読み続けている。 소설을 계속 읽고 있다.

마. 「~なおす」 다시~하다
　　レポートを書き直す。 리포트를 다시 쓰다.

바. 「~かえる」 바꿔서~하다
　　ソウル駅で乗りかえる。 서울역에서 바꿔 타다.

「ないで」와 「なくて」의 차이점

「て」가 접속이 될 때 「~なくて」는 「~않고, ~않아서」라는 뜻의 단정·이유를 나타내고, 「~ないで」는 「~말고」의 뜻을 나타낸다.

가. 水が出なくて困っています。 물이 나오지 않아서 곤란합니다.
나. 本を見ないで答えてください。 책을 보지 말고 대답해 주세요.

문화

● 한국 사람들이 잘 틀리는 「いい」 표현

어떤 사람의 말에 「いい」라는 단어를 써서 대답을 해야 할 때는 각각 「いい」, 「いいよ」, 「いいね」라고 말할 수 있다. 한국어로 번역하면 3가지 전부 「좋아」가 되기 때문에 잘못 쓰이는 경우가 종종 있다. 예를 들면 「映画見ない?」라고 말했을 경우 「いい」라고 대답 하면 「됐어, 안 가」라는 거절의 의미가 되어 버린다. 「いいよ」와 「いいね」는 둘 다 「가겠다」는 의미로서 승낙의 의미로 쓰인다. 「いいよ」라고 하면 「그래 같이 가 줄 수 있어」라는 뉘앙스가 있다. 허락을 나타낸다. 이에 비해 「いいね」는 「좋은 생각」이라는 의미만 가지고 있다.

제5과 돈이 있으면 결혼합니다

다음 문장을 밑줄 친 부분에 유의하면서 日訳해 보자.

1. 내일이 아니<u>라면</u> 언제든지 좋습니다.

    ⇨

2. 도쿄에 도착<u>하면</u> 전화를 주세요.

    ⇨

3. 여기서 담배를 피워<u>서는</u> 안 돼.

    ⇨

4. 이 책을 읽<u>어라</u>.

    ⇨

제6과 상담한 끝에 결정했다.

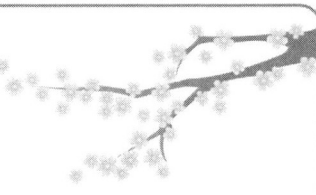

~末に, ~あげくに, ~たびに, ~とともに, ~と比べて, ~わりに, ~を中心にして, ~を問わず, ~を巡って, ~次第, ~たとたんに, ~一方で(は), ~一方だ, ~あまり, あまり~ない, ~ないではいられない, ~ないものでもない, ~かどうか, ~かな

기본문형

1 ~末に
相談の末に決めた。
~한 뒤에, ~끝에
상담한 끝에 결정했다.

2 ~あげくに (나쁜 결과)
いろいろ考えたあげく、彼女と別れることにした。
~한 끝에
여러 생각한 끝에 그녀와 헤어지기로 하였다.

3 ~たびに
田舎へ行くたびに彼女に会う。
~때마다
시골에 갈 때마다 그녀를 만난다.

4 ~とともに
家族とともに田舎へ行く。
~과 함께
가족과 함께 시골에 간다.

5 ~と比べて
去年に比べて雨が多い。
~에 비해서
작년에 비해 비가 많이 내린다.

7 ~わりに
値段のわりに物が悪い。
~에 비해서, ~치고는
가격에 비해서 물건이 안 좋다.

8 ~を中心にして
駅を中心にして店がある。
~을 중심으로
역을 중심으로 상점이 있다.

9 ~を問わず
病院は昼夜を問わず開いている。
~을 불문하고 (관계없이)
병원은 주야에 관계없이 열고 있다.

제6과 상담한 끝에 결정했다 67

10. ~を巡って　　　　　　　　　　　　　　~을 둘러싸고
    遺産を巡って争う。　　　　　　　　　유산을 둘러싸고 다투다.

11. ~次第　　　　　　　　　　　　　　　~하는 대로
    新しい住所が決まり次第連絡します。
    　　　　　　　　　　　　　　　　　　새로운 주소가 정해지는 대로 연락하겠습니다.

12. ~次第だ　　　　　　　　　　　　　　~에 달렸다. ~나름이다
    何事も本人次第だ。　　　　　　　　　어떤 일도 본인하기에 달렸다.

13. ~たとたんに　　　　　　　　　　　　~하자마자, ~하는 순간에
    彼を見たとたんに逃げてしまった。　　그를 보자마자 도망쳐 버렸다.

14. ~一方で(は)　　　　　　　　　　　　~한편(으로)
    よく食べる一方でよく遊んでいる。　　잘 먹는 한편으로 잘 놀고 있다.

15. ~一方だ　　　　　　　　　　　　　　계속해서 ~하기만 하다
    利用者は増える一方だ。　　　　　　　이용자는 늘어날 뿐이다.
    　　　　　　　　　　　　　　　　　　(이용자는 계속해서 늘어가기만 한다)

16. ~あまり　　　　　　　　　　　　　　~너무 (한) 나머지
    驚きのあまり声も出なかった。　　　　놀란 나머지 소리도 나오지 않았다.

17. あまり~ない　　　　　　　　　　　　별로~이 않다
    日本の音楽はあまり聞きません。　　　일본 음악은 별로 듣지 않습니다.

18. ~ないではいられない　　　　　　　　~하지 않을 수 없다
    笑わないではいられない。　　　　　　웃지 않을 수 없다.

19. ~ないものでもない　　　　　　　　　~할 수도 있다
    負けないものでもない。　　　　　　　질 수도 있다.

20 ~かどうか　　　　　　　　　　　~인지 어떨지(불확실한 의문)

行けるかどうか、あとでお知らせしましょう。
갈 수 있을지 어떨지 나중에 알려 드리지요.

21 ~かな　　　　　　　　　　　~일까, ~할까(의문, 질문)

何か音がしたけど、だれか来たのかな。 무슨 소리가 났는데, 누가 왔나?

보충어휘

형용사

若(わか)い 젊다	幼(おさな)い 어리다	太(ふと)い 굵다
細(ほそ)い 날씬하다, 가늘다	青(あお)い 파랗다	茶色(ちゃいろ)い 갈색이 나다
痛(いた)い 아프다	硬(かた)い 딱딱하다	柔(やわ)らかい 부드럽다
きつい 힘들다, 벅차다	厳(きび)しい 힘들다, 엄하다	苦(くる)しい 고통스럽다, 괴롭다
やさしい 쉽다, 상냥하다, 자상하다	大人(おとな)しい 얌전하다, 온순하다, 화려하지 않다	
うるさい 시끄럽다, 귀찮다, 까다롭다	素晴(すば)らしい 멋있다, 훌륭하다	
すごい 멋있다, 굉장하다	かっこいい 멋있다, 끝내준다	かわいい 귀엽다
美(うつく)しい 아름답다	楽(たの)しい 즐겁다	しょっぱい 짜다
温(ぬる)い 미지근하다	珍(めずら)しい 진귀하다, 희한하다	深(ふか)い 깊다
浅(あさ)い 얕다	おかしい 웃기다, 이상하다	仲(なか)がいい 사이좋다
すばやい 재빠르다	鈍(のろ)い 굼뜨다, 느리다	眠(ねむ)い 졸리다
だるい 노곤해지다, 피곤하다	つらい 괴롭다	怖(こわ)い 무섭다
寂(さび)しい 외롭다	正(ただ)しい 올바르다	怪(あや)しい 수상하다
頭(あたま)が痛(いた)い 머리가 아프다	危(あぶ)ない 위험하다	ありがたい 고맙다
ひどい 심하다	めでたい 경사스럽다	ほしい 갖고 싶다

의성어 · 의태어

わんわん (개)멍멍	どきどき (가슴)두근두근	カアカア (까마귀)까악까악
ひそひそ 소곤소곤	みんみん (매미)맴맴	ぶるぶる 부들부들

문형활용

응답할 때

はい、そうです。	네, 그렇습니다.
はい、わかりました。	네, 알겠습니다.
はい、本当です。	네, 정말입니다.
いいえ、好きです。	아뇨, 좋아합니다.
いいえ、いただきます。	아뇨, 먹겠습니다.(받겠습니다)
いいえ、そうじゃありません。	아뇨, 그렇지 않습니다.
いいえ、もう結構です。	아뇨, 이제 됐습니다.
どうもそうらしい。	아무래도 그런 것 같아.
まあ受かるでしょうね。	글쎄 합격하겠지요.
たぶんだめでしょうね。	아마 안 되겠지요.
きっとそうでしょう。	분명 그렇겠죠.
そうだといいですね。	그렇다면 좋겠군요.
そうじゃないと思いますが。	그렇지 않다고 생각하는데요.
残念ながらだめです。	유감스럽지만 안 됩니다.

제6과 상담한 끝에 결정했다

문법정리

자동사・타동사

「~ている」는 「~하고 / ~해 있다」라고 해석이 가능하다. 「~てある」는 「~하여져/ ~되어져 있다」 등의 해석에 잘 어울린다. 주로 타동사에 연결하여 사용한다. 자동사와 타동사의 구별 요령은 다음과 같다.

1. 자동사와 타동사 구별법
   「る」 앞이 あ단이면 자동사, 「る」 앞이 「え단」이면 타동사, 그리고 끝이 「す」로 끝나면 타동사일 가능성이 높다.
   ※ 예외 割れる 깨지다 → 割る 깨다 / 売れる 팔리다 → 売る 팔다 /
   折れる 구부러지다 → 折る 구부리다

2. 자동사와 타동사가 동일한 것
   笑う 웃다, 웃기다   増す 많아지다, 많게 하다   吹く 불다, 불게 하다
   張る 붙다, 붙이다   置く 두다, 놓다 등

3. 자동사뿐인 것
   栄える 번영하다   ある 있다   いる 있다   くる 오다   行く 가다   死ぬ 죽다 등

4. 타동사뿐인 것
   食べる 먹다   飲む 마시다   着る 입다 등

「た형」의 쓰임새

「た형」은 과거형뿐만 아니라, 어드바이스, 제안 등의 표현에도 사용된다.

1. 「~たことがある」 ~한 적이 있다
   가. 手紙を書いたことがある。 편지를 쓴 적이 있다.

2. 「~たほうがいい」 ~하는 편이 좋다
   가. ノートに書いたほうがいい。 노트에 쓰는 편이 좋다.
3. 「~たところだ」 막~한 참이다
   가. その手紙を読んだところだ。 그 편지를 막 읽은 참이다.
4. 「~たばかりだ」 막~했다
   가. 薬を飲んだばかりです。 약을 막 먹었습니다.
5. 「~たらどうですか」 ~하면 어떨까요.
   가. 手紙を書いたらどうですか。 편지를 쓴다면 어떨까요.
6. 「~たり」 ~하기도 하고
   가. 手紙を書いたり、音楽を聞いたりします。 편지를 쓰거나 음악을 듣거나 합니다.

■ 「형용사 + 명사」의 용법

1. 형용사는 직접 명사를 수식할 수 있다.
   가. 広い国 넓은 나라
   나. おいしい料理 맛있는 요리
2. 「多い, 少ない, 遠い, 近い」 등 4개의 형용사가 명사를 수식하는 경우에는 「多くの, 少しの, 遠くの, 近くの」의 형태가 된다.
   가. 多くの本 많은 책
   나. 少しの本 적은 책
   다. 遠くの駅 먼 역
   라. 近くの駅 가까운 역

다음 문장을 밑줄 친 부분에 유의하면서 日訳해 보자.

1. 딸이 이 선물에 기뻐<u>할지 어떨지</u> 모르겠습니다.

    ⇨

2. 고생<u>한 끝에</u> 결국 합격할 수 있었다.

    ⇨

3. 학교에 갈 <u>때마다</u> 공교롭게도 그녀를 만난다.

    ⇨

4. 친구<u>와 함께</u> 여행을 간다.

    ⇨

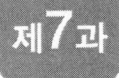 그것에 관해서는 관심이 없다.

~に関しては, ~に応えて, ~に渡って, ~をこめて, ~を通じて, ~までもない, ~までだ, ~までのことだ, ~おそれがある, ~より, ~より~の方がいい, ~のほうが~より~だ, ~は~かったり~かったりする, ~たり~たりする, ~し~し, ~やら~やら, ~だの~だの, ~とか~とか, も~ば~も, ~初め, 初めて, ~を初めとする

기본문형

1. ~に関しては | ~에 관해서는
   それに関しては関心がない。| 그것에 관해서는 관심이 없다.

2. ~に応えて | ~에 부응해서, ~에 따라
   人の要求に応えて供給する。| 사람의 요구에 따라 공급한다.

3. ~に渡って | ~에 걸쳐서
   韓国全域に渡って雨が降るそうです。
   한국 전역에 걸쳐 비가 내린답니다.(내린다고 합니다)

4. ~を込めて | ~(정성을) 담아서
   心を込めて彼女にあげる。| 마음을 담아서 그녀에게 주다.

5. ~を通じて | ~을 통해서
   一生を通じて忘れられない事件だ。 일생을 통해서 잊을 수 없는 사건이다.

6. ~までもない | ~할 것까지도 없다
   言うまでもない。| 말할 것까지도 없다.

7. ~までだ | ~할 뿐이다
   それでも駄目だったら、あきらめるまでだ。 그래도 안 되면 포기할 뿐이다.

8. ~までのことだ | ~할 따름이다
   精一杯頑張るまでのことだ。| 힘껏 노력할 따름이다.

9 ~おそれがある　　　　　　　　　　　　~할 우려가 있다
　　この病気は伝染のおそれがある。　　　이 병은 전염의 우려가 있다.

10 ~より　　　　　　　　　　　　　　　~보다
　　東京よりソウルの方が寒いです。　　　동경보다 서울 쪽이 춥습니다.

11 ~より~の方がいい　　　　　　　　　　~보다~이(가) 좋다(비교)
　　僕は夏より冬の方がいいです。　　　　나는 여름보다 겨울이 좋습니다.

12 ~のほうが~より~だ　　　　　　　　　~의 쪽이 ~보다 ~이다(비교)
　　タクシーのほうがバスより速いです。　택시가 버스보다 빠릅니다.

13 ~は~かったり~かったりする　　　　　~은(는) ~이기도 하고 ~이기도 하다.
　　料理はおいしかったりまずかったりします。
　　　　　　　　　　　　　　　　　　　요리는 맛있기도 하고 맛이 없기도 합니다.

14 ~たり~たりする　　　　　　　　　　　~이기도 하고 ~이기도 하다
　　見たり聞いたりためしたりしている。
　　　　　　　　　　　　　　　　　　　보기도 하고, 듣기도 하고, 시험해 보기도 한다.

15 ~し ~し　　　　　　　　　　　　　　~고, ~며(열거)
　　あの店は安いし、品質もいいです。　　저 가게는 싸고 품질도 좋습니다.

16 ~やら~やら　　　　　　　　　　　　　~이 ~랑(열거), ~인지(불확실), ~일지 아닐지
　　本やら鉛筆やらありました。　　　　　책이랑 연필이랑 있었습니다.
　　何やらわからないことだらけだ。　　　뭐도 모르는 것투성이다.
　　来るのやら来ないのやらわからない。　오는 것인지 안 오는 것인지 모르겠다.

17 ~だの~だの　　　　　　　　　　　　　~든 ~든, ~느니 ~느니(열거)
　　暑いだの寒いだのと不平を言う。　　　덥니 춥니 하고 불평을 한다.

18 ~とか~とか　　　　　　　　　　　　　~든가 ~든가

雑誌とか漫画とか新聞とか読みなさい。　잡지든 만화든 신문이든 읽으세요.

19　も~ば~も　　　　　　　　　　　　　┃~도 하거니와 ~도
　　お金もあれば時間もある。　　　　　　돈도 있거니와 시간도 있다.

20　初め　　　　　　　　　　　　　　　┃처음
　　初めの時は大変だった。　　　　　　　처음에는 큰일이었다.

21　初めて　　　　　　　　　　　　　　┃처음으로(경험)
　　初めて日本へ行った時だ。　　　　　　처음으로 일본에 갔을 때이다.

22　~を初めとする　　　　　　　　　　┃~을 비롯하여
　　船長を初めとして全員が死んだ。　　　선장을 비롯하여 전원이 죽었다.

제7과 그것에 관해서는 관심이 없다

보충어휘

음료수

麦茶(むぎちゃ) 보리차	ウーロン茶(ちゃ) 우롱차	レモンティ 레몬 티	コーヒー 커피
ジュース 주스			

우편

郵便局(ゆうびんきょく) 우체국	切手(きって) 우표	葉書(はがき) 엽서	絵葉書(えはがき) 그림엽서

자연

動物(どうぶつ) 동물	植物(しょくぶつ) 식물	鳥(とり) 새	森(もり) 숲
林(はやし) 숲	木(き) 나무	登山(とざん) 등산	空(そら) 하늘
星(ほし) 별	月(つき) 달	雲(くも) 구름	風(かぜ) 바람
空気(くうき) 공기	太陽(たいよう) 태양	海(うみ) 바다	川(かわ) 강
湖(みずうみ) 호수	瀧(たき) 폭포	波(なみ) 파도	津波(つなみ) 해일
砂(すな) 모래	海岸(かいがん) 해안	土(つち) 흙	谷(たに) 계곡
溪谷(けいこく) 계곡			

동사

滑(すべ)る 미끄러지다	照(て)る 비추다	握(にぎ)る 잡다, 쥐다	陥(おちい)る 빠지다
茂(しげ)る 무성하다	蹴(け)る 차다	ひねる 비틀다	湿(しめ)る 습기 차다
甦(よみがえ)る 되살아나다	つねる 꼬집다	かじる 이로 갉다, 갉아먹다	しくじる 실수하다
やじる 야유하다	ちぎる 잘게 찢다	焦(あせ)る 애태우다, 초조하다	陰(かげ)る 그늘지다
いじる 만지다	入(い)る 들어가다	寝入(ねい)る 잠들다	飛(と)び入(い)る 뛰어들다

문형활용

고마울 때

何はともあれ、ありがとう。　　　　　　　　아무튼 고마워요.
先日はどうも。　　　　　　　　　　　　　　지난번에는 고마웠어.
あなたのおかげで助かりました。　　　　　　당신 덕택에 도움이 되었습니다.
お手伝いありがとう。　　　　　　　　　　　거들어 줘서 고마워요.
ご面倒をおかけしました。　　　　　　　　　수고를 끼쳐드렸습니다.
いつも助けてくれてありがとう。　　　　　　늘 도와 주셔서 고맙습니다.
この仕事がうまくいったのもあなたのおかげです。
　　　　　　　　　　　　　　　　　　　　　이 일이 잘 된 것도 당신 덕분입니다.
みんなの応援、心から感謝します。　　　　　여러분의 응원, 진심으로 감사드립니다.
誉めていただいて、どうも。　　　　　　　　칭찬해 주셔서 고마워요.
お出迎えいただいて本当にありがとうございます。
　　　　　　　　　　　　　　　　　　　　　마중을 나와 주셔서 정말로 고맙습니다.
知らせてくれてありがとう。　　　　　　　　알려 줘서 고마워.
会いに来てくれてありがとう。　　　　　　　만나러 와 줘서 고마워.
ご招待ありがとうございます。　　　　　　　초대해 주셔서 고맙습니다.
すてきなプレゼントをありがとう。　　　　　멋진 선물을 줘서 고마워요.
思いがけないことです。どうもありがとう。　뜻밖입니다. 너무 고마워요.
ありがとう。そんなことなさらなくてもよかったのに。
　　　　　　　　　　　　　　　　　　　　　고마워요. 이런 것을 하시지 않아도 되는데….
そうしていただければ、とてもありがたいのですが。
　　　　　　　　　　　　　　　　　　　　　그렇게 해 주시면 무척 고맙겠습니다만.
ご来社くださり厚くお礼を申し上げます。
　　　　　　　　　　　　　　　　　　　　　저희 회사를 방문해 주셔서 깊은 감사를 드립니다.

제7과 그것에 관해서는 관심이 없다　79

何とお礼を申したらいいのかわかりません。　뭐라 감사의 말씀을 드려야 좋을지 모르겠습니다.
どういたしまして。お役に立ててうれしいです。

천만에요. 도움이 되어서 기쁩니다.

大したことではありません。　　　　　대단한 것은 아닙니다.

축하와 사죄할 때

サンキュー	땡큐.
悪い	미안.
御免	미안.
すみません。	죄송합니다. 실례합니다.
ごめんなさい。	미안합니다.
申し訳ありません。	미안합니다. 드릴 말씀이 없습니다.
構いません。	괜찮습니다.
おめでとう。	축하해.
おめでとうございます。	축하드립니다.

문법정리

■ 원인・이유

원인, 이유를 나타내는 표현으로는「~て, ~ので, ~から」등이 있다.「~ので」와「~から」는 서로 바꾸어 쓸 수 있는 경우가 많다. 그렇지만「ので」는 앞의 사안과 뒤의 사안을 하나의 사실로 파악해 원인이나 이유를「から」와 같이 강력하게 주장하지 않는다는 점에서 정중한 표현이라는 인상을 준다. 상대방에게 뭔가를 부탁하거나, 거절 또는 자기변명을 할 때는「ので」가 더 선호된다. 또한 여성의 경우는 자신의 감정을 강하게 나타내는 것을 꺼려하므로「から」보다「ので」를 많이 사용한다.

1. 「~て」: 전후관계에 의한 인과관계를 나타낸다. 뒤쪽에 명령, 지시가 오지 않는다.
   「学生で 학생이어서, 親切で 친절해서, 速くて 빨라서, 買って 사서」
   가. 危なくて部屋から出ました。 위험해서 방으로부터 나왔습니다.

2. 「~ので」: 부드러운 인과관계를 나타낸다. 뒤쪽에 부탁이 온다.
   「学生なので 학생이므로, 親切なので 친절하므로, 速いので 빠르므로, 買うので 사므로」
   가. 危ないので部屋から出ました。 위험하기 때문에 방으로부터 나왔습니다.

3. 「~から」: 강한 인과관계를 나타낸다. 뒤쪽에 명령, 지시가 올 수 있다.
   「学生だから 학생이니까, 親切だから 친절하니까, 速いから 빠르니까, 買うから 사니까」
   가. 危ないから火を消しなさい。 위험하니까 불을 꺼 주세요.

■「何の, どんな」의 용법의 차이점

「何の」는「何の本ですか。 무슨 책입니까? －自動車の本です。 자동차 책입니다.」처럼 내용을 묻는 경우와「何の料理ですか。 무슨 요리입니까? － 魚の料理です。 생선 요리입니다.」처럼 재료를 묻는 경우에 쓰인다.「どんな」는「どんな本ですか。－おもしろい本です。」「どんな料理ですか。－ちょっと辛い料理です。」와 같이 성질을 묻는 경우에만 쓰인다.

문화

● お茶

녹차의 종류로는 증기로 쪄서 차를 만드는「玉露, 煎茶, 番茶」와 솥에 넣고 볶아서 만드는「釜入り茶」등이 있다. 최상급차인「玉露」와 품질 좋은「煎茶」가 상급에 속하며, 일반적인 가정이나 회사에서 흔히 마시는 차는「煎茶」이다. 그 밖에 가격이 싼 下品의「煎茶」와「番茶」를 섞어서 볶은「ほうじ茶」, 가격이 싼 하등급인「煎茶」와「番茶」에 현미를 섞어서 만든「玄米茶」등을 어디서나 쉽게 구입할 수 있다.

다음 문장을 밑줄 친 부분에 유의하면서 日訳해 보자.

1. 저 가게보다 이 가게 쪽이 좋아요.

    ⇨

2. 맛도 나쁘고 값도 비쌉니다.

    ⇨

3. 이 담장은 넘어질 우려가 있다.

    ⇨

4. 승진에 관해서 관심이 없다고 말하는 것은 거짓이다.

    ⇨

제8과 의견을 들어 본 위에 결정하다.

~の上では, ~上に, ~た後で, ~て以来, ~ることがある, ~たことがある, ~くする, ~てくる, ~なくなる, ~にする, ~なくなる, ~てくる, ~ていく, ~ほど, ~ば~ほど, ~ほど~ない, ~ほどの~ではない, ~こそ, ~ばこそ, ~なんか, ~に~を~させる, ~(さ)せてください, ~させていただく, ~ができる, ~ことができる, ~が~られる

기본문형

1. ~(の)上で(は) ~하고 나서, ~한 위에
   意見を聞いた上で決める。 의견을 들어 본 위에 결정하다.

2. ~上に ~한데다가, ~한 위에(추가, 첨부)
   ごちそうになった上にお土産ももらった。
   맛있는 것도 대접받은 위에, 게다가 선물까지 받았다.

3. ~た後で ~한 후에
   食事をした後でコーヒーを飲みました。 식사를 한 후에 커피를 마셨습니다.

4. ~て以来 ~한 이후로, ~하고 나서, ~한 이래
   去年手術をして以来、体の具合いが悪い。
   작년에 수술을 한 후로 몸이 안 좋다.

5. ~ることがある (때때로, 간혹) ~하는 일이 있다
   家から会社までタクシーに乗ることがある。
   집에서 회사까지 간혹 택시를 타는 일이 있다.

6. ~たことがある ~한 적이 있다(과거 경험)
   ここへは以前に来たことがあります。 여기에는 이전에 온 적이 있습니다.

7. ~たことがない ~한 적이 없다(과거의 무경험)
   そういうことはまだ聞いたことがありません。
   그런 것은 아직 들은 적이 없습니다.

8 ~くする　　　　　　　　　　　　　　┃ ~하게 하다(상태)
　　ズボンのすそは長くしますか。　　　　바지의 자락은 길게 합니까.(하겠습니까?)

9 ~にする　　　　　　　　　　　　　　┃ ~하게 하다(상태)
　　試験は定期的にしますか。　　　　　　시험은 정기적으로 칩니까?

10 ~なくなる　　　　　　　　　　　　　┃ ~않게 되다(상황의 변화 귀결)
　　最近ストレスで夜眠れなくなりました。
　　　　　　　　　　　　　　최근 스트레스로 밤에 잠을 못 자게 되었습니다.

11 ~てくる　　　　　　　　　　　　　　┃ ~해 오다
　　頭が痛くなってくる。　　　　　　　　머리가 아파 온다.

12 ~ていく　　　　　　　　　　　　　　┃ ~어 가다
　　科学がどんどん進歩していく。　　　　과학이 점점 진보해 간다.

13 ~ほど　　　　　　　　　　　　　　　┃ ~할 만큼(비교)
　　売れるほど利益が残る。　　　　　　　팔리는 만큼 이익이 남는다.

14 ~ば~ほど　　　　　　　　　　　　　┃ ~하면 ~할수록
　　見れば見るほどきれいです。　　　　　보면 볼수록 예쁩니다.

15 ~ほど~ない　　　　　　　　　　　　┃ ~만큼 ~이 않다(상대적 비교)
　　妹は私ほど走るのがはやくない。　　　여동생은 나만큼 달리기가 빠르지 않다.

16 ~ほどの~ではない　　　　　　　　　┃ ~할 정도의 ~은 아니다
　　ささいなけんかだから、警察を呼ぶほどの事件ではない。
　　　　　　　　　　　　사소한 싸움이니까 경찰을 부를 정도의 사건은 아니다.

17 ~こそ　　　　　　　　　　　　　　　┃ ~야말로
　　この製品こそ今世紀最大の発明品となるに違いない。
　　　　　　　　　　　　이 제품이야말로 금세기 최대 발명품이 될 것임에 틀림없다.

18 ~ばこそ　　　　　　　　　　　　　　┃ 바로 ~때문에(확정), ~야말로(강조)

彼女を愛すればこそ結婚した。　　　　그녀를 사랑하기 때문에 결혼했다.

19 ~なんか　　　　　　　　　　　　　~따위, ~등
お金なんか要らない。　　　　　　　　돈 따위는 필요 없다.

20 ~に~を~させる　　　　　　　　　　~에게 ~을 ~시키다(사역)
私は弟に窓を閉めさせました。　　　　나는 동생에게 창문을 닫게 했습니다.

21 ~(さ)せてください　　　　　　　　~시켜 주십시오, ~하고 싶습니다(자신의 간접적인 희망)
今日は私に払わせてください。
　　　　　　　　　　　　　　　　　오늘은 제가 지불하도록 해 주십시오.(지불하겠습니다)

22 ~させていただく　　　　　　　　　~시켜서 받다, ~하겠다(자신의 강한 의지)
私がやらせていただきます。　　　　　제가 하겠습니다.

23 ~ができる　　　　　　　　　　　　~을(를) 할 수 있다
料理ができます。　　　　　　　　　　요리를 할 수 있습니다.

24 ~ことができる　　　　　　　　　　~할 수 있다(가능)
一人で行くことができます。　　　　　혼자서 갈 수 있습니다.

25 ~が~(ら)れる　　　　　　　　　　~을(를) ~할 수 있다
ご飯が食べられます。　　　　　　　　밥을 먹을 수 있습니다.

보충어휘

동사

生まれる 태어나다	育つ 자라다	生きる 살다	死ぬ 죽다
咲く 피다	拾う 줍다	集める 모으다	使う 사용하다
捨てる 버리다	吸う (담배)피우다, 피다	頑張る 힘내다, 분발하다	
守る 지키다	要る 필요하다	祈る 빌다, 기원하다	伝える 전하다
願う 바라다, 원하다	頼む 부탁하다	探す 찾다	手伝う 돕다(거들다)
助ける 돕다(구해주다)	風邪をひく 감기에 걸리다	お腹がすく 배가 고프다	
喉が乾く 목이 마르다			

형용동사

きれいだ 예쁘다, 깨끗하다	ハンサムだ 잘생기다	真面目だ 성실하다, 진지하다
不真面目だ 불성실하다	静かだ 조용하다	賑やかだ 북적대다, 떠들썩하다
親切だ 친절하다	不親切だ 불친절하다	上手だ 능숙하다, 잘 하다
下手だ 서투르다, 잘 못하다	便利だ 편리하다	不便だ 불편하다
好きだ 좋아하다	嫌いだ 싫어하다	暇だ 한가하다
幸せだ 행복하다		

🔖 부사

いつも 언제나	毎日(まいにち) 매일	普通(ふつう) 보통
普段(ふだん) 평소	たいてい 대개	しょっちゅう 항상, 언제나
よく 자주	時々(ときどき) 때때로	しばしば 종종, 자주
たまに 가끔, 때로는	暫(しばら)く 한동안은, 잠시	直(す)ぐ 바로, 곧
後(あと)で 다음에, 뒤에	後(のち)ほど 나중에	まもなく 곧, 당장
今度(こんど) 이번에	昔(むかし) 옛날	前(まえ) 전, 앞
この間(あいだ) 요전에, 요즘	さっき 아까	先(さき)ほど 조금 전에
たった今(いま) 지금 막	最近(さいきん) 최근(에), 요즘	この頃(ごろ) 요즘
今(いま) 지금	ただいま 지금, 지금 당장	今(いま)にも 금방이라도
これから 이제부터	ゆっくり 천천히, 편안히	のんびり 느긋이
その内(うち) 조만간, 그 동안에	もうすぐ 이제 곧	しっかり 확실히, 제대로
ちゃんと 똑바로	はっきり(と) 분명하게, 확실하게	きちんと 제대로
まっすぐ 곧장	なるほど 과연(긍정)	やはり 역시
勿論(もちろん) 물론	たしかに 확실히(동조)	さすがに 과연, 역시(인정)
まず 우선, 먼저	始(はじ)めに 처음으로	最初(さいしょ)に 처음에, 최초로
次(つぎ)に 다음에, 다음으로	それから 그리고 나서	最後(さいご)に 마지막으로, 최후로
一緒(いっしょ)に 함께	いろいと(と) 여러모로, 여러 가지	とにかく 아무튼, 어쨌든
とりあえず 우선, 일단, 어쨌든		

문형활용

사과할 때

私がいけなかったんです。	제가 잘못했습니다.
どうもすみません。そんなつもりじゃなかったんです。	너무 죄송해요. 그럴 생각이 아니었어요.
何とお詫びしてよいかわかりません。	뭐라 사죄를 해야 좋을지 모르겠습니다.
遅くなってすみません。	늦어서 죄송합니다.
こんなことになってしまってごめんなさい。	이렇게 되고 말아 죄송합니다.
お待たせしてすみませんでした。	기다리게 해서 죄송합니다.
約束を守らないですみません。	약속을 지키지 못해 죄송합니다.
お気にさわったらごめんなさい。	비위에 거슬렸다면 미안해요.
行き過ぎたらごめんなさい。	지나쳤다면 죄송해요.
本当にすみません。うっかりしました。	정말로 미안합니다. 깜빡했습니다.
ご迷惑をおかけしました。	폐를 끼쳤습니다.
ご面倒をおかけして申し訳ありません。	귀찮게 해드려 죄송합니다.
お邪魔にならなければよろしいんですが。	폐가 되지 않는다면 좋겠습니다만.
失礼ですが、お名前をうかがってよろしいですか。	실례합니다만 성함을 여쭤도 되겠습니까.
ちょっとすみません。通り抜けてもいいでしょうか。	잠깐 실례합니다. 지나가도 될까요?
ちょっと失礼します。すぐ戻ります。	잠깐 실례하겠습니다. 곧 돌아오겠습니다.
ぶしつけじゃなければいいんですが。	실례가 되지 않는다면 좋겠습니다만.
私こそ悪かったんでした。	제가 잘못했습니다.
許していただけますか。	용서해 주시겠습니까?
どうか許してください。	제발 용서해 주세요.
今後は気をつけます。	앞으로는 주의를 하겠습니다.
大丈夫。何でもありませんよ。	괜찮아요. 아무것도 아닙니다.

いいんですよ。気にしないでください。　　　괜찮아요. 걱정하지 말아요.
何でもないですよ。ご心配なく。　　　　　아무것도 아니에요. 걱정하지 말아요.

수수 표현
弟に旅行先のお土産をあげました。　　　　동생에게 여행지의 선물(토산물)을 주었습니다.
いつも私が通訳してあげました。　　　　　언제나 내가 통역해 드렸습니다.
この時計は彼氏がくれたものです。　　　　이 시계는 남자친구가 준 것입니다.
これは妹が作ってくれたものです。　　　　이것은 여동생이 만들어 준 것입니다.
田中さんが車を貸してくれました。　　　　다나카 씨가 차를 빌려 주었습니다.
社長から何をもらいましたか。　　　　　　사장으로부터 무엇을 받았습니까.
誕生日に買ってもらったんです。　　　　　생일에 사 받았던 것입니다.
　　　　　　　　　　　　　　　　　　　(선물로 받은 것입니다)

私は弟に手紙を書いてもらいました。　　　나는 동생에게 편지를 써 받았습니다.
　　　　　　　　　　　　　　　　　　　(동생이 편지를 써 준 것입니다)
電車の中で学生に席を譲ってもらいました。　전철 안에서 학생에게 자리를 양보 받았습니다.
　　　　　　　　　　　　　　　　　　　(학생이 자리를 양보해 주었습니다)
妹からもらった物です。　　　　　　　　　여동생에게 받은 물건입니다.
これ、あげます。　　　　　　　　　　　　이것 드리겠습니다.
この写真は田中さんに撮ってもらいました。　이 사진은 다나카 씨에게 찍어 받은 것입니다.
　　　　　　　　　　　　　　　　　　　(다나카 씨가 찍어 준 것입니다)

문법정리

어드바이스

1. 어드바이스를 구하는 표현

   가. 「~たらどうでしょうか」 ~하면 어떨까요.
   どうしたらいいでしょうか。어떻게 하면 좋을까요.

   나. 「~(た)ほうがいいでしょうか」 ~하는 편이 좋습니까.
   朝ご飯は食べたほうがいいでしょうか。아침은 먹는 편이 좋습니까.

   다. 「~ないほうがいいでしょうか」 ~하지 않는 것이 좋을까요.
   掃除をしないほうがいいでしょうか。청소를 하지 않은 것이 좋을까요.

2. 어드바이스를 하는 표현

   가. 「~たほうがいいですよ」 ~하는 편이 좋습니다.
   朝ご飯を食べたほうがいいですよ。아침을 먹는 편이 좋습니다.

   나. 「~ないほうがいいですよ」 ~하지 않는 것이 좋습니다.
   その薬は飲まないほうがいいですよ。그 약은 먹지 않는 편(것)이 좋아요.

예정・희망

기본형은 일반적인 사실 표현인 현재형뿐만 아니라, 미래의 강한 의지로도 사용된다.

1. 현재형

   가. 「원형 + つもりだ」 ~할 예정이다, ~할 작정이다.
   明日、東京に行くつもりです。
   내일 동경에 갈 예정입니다.

2. 의향형

   가. 「의향형 + と思う」 ~하려고 생각하다.
   土曜日は友達と映画を見に行こうと思っています。
   토요일은 친구와 영화를 보러 가려고 생각하고 있습니다.

나.「~たい + と思う」 ~하고자 한다, ~할 생각이다.
　　夏休みに北海道へ行ってみたいと思います。
　　여름휴가에 북해도에 갈 <u>생각이다</u>. (가고자 합니다. 가고 싶다고 생각합니다)

「~から, だから」의 용법의 차이점

1. 조사「から」는 원인이나 이유를 설명하는 경우 문장의 끝에 붙여 쓴다. 먼저 결론을 말한 후에 원인이나 이유를 말하는 경우도 있다.

　　가. 寒いです<u>から</u>、窓を閉めます. <u>추우니까</u> 창을 닫습니다.
　　나. 窓を閉めます. 寒いです<u>から</u>. 창을 닫습니다. 춥기 <u>때문입니다</u>.

2. 「だから」는 원인이나 이유를 나타내는 접속사로, 한국어로「그래서, 그러니까, 때문에」에 해당한다. 정중한 표현은「ですから」이다. 조사「から」는 원인이나 이유를 설명하는 문장의 일부가 되지만, 접속사인「だから」는 결과를 설명하는 문장의 앞에서 독립적으로 쓰인다.

　　가. 金さんは、野菜が嫌いです。<u>だから</u>、あまり野菜を食べません。
　　　　김 씨는 채소를 싫어합니다. <u>그래서</u> 그다지 채소를 먹지 않습니다.
　　나. 明日は休みです。<u>ですから</u>、子供と動物園へ行きます。
　　　　내일은 휴일입니다. <u>그래서</u> 아이와 동물원에 갑니다.

다음 문장을 밑줄 친 부분에 유의하면서 日訳해 보자.

1. 나는 비행기를 탄 <u>적이 있습니다.</u>

   ⇨

2. 나는 주스<u>로 할래요.</u>

   ⇨

3. 앞으로 여러 가지 일을 경험<u>해 나갈 것이다.</u>

   ⇨

4. 요즘 추워<u>지기 시작했어요.</u>

   ⇨

제9과 그는 저금은커녕 빚 투성이이다.

~どころか, ~どころではない, ~ところだった, ~ところによると, ~ところに, ~というところだ, ~たところで, ~ところまで行く, ~るところだ, ~ているところだ, ~ところを見ると, ~るところだった, ~ところを見ると, ~ゆえに, ~ので, ~ために, ~から, ~からの, ~てから, ~から~まで

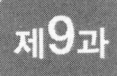 기본문형

1 ~どころか　　　　　　　　　　　　　~은커녕
　彼は貯金どころか借金だらけだ。　　그는 저금은커녕 빚 투성이다.

2 ~どころではない　　　　　　　　　　~할 계제가 아니다
　彼はいま進学するどころではない。　그는 지금 진학할 계제가 아니다.

3 ~ところだった　　　　　　　　　　　하마터면 ~할 뻔했다
　彼は車にひかれるところだった。　　그는 하마터면 차에 치일 뻔했다.

4 ~ところによると　　　　　　　　　　~바에 의하면
　聞いたところによると新しい彼女ができたらしい。
　　　　　　　　　　　　　　　　　　들은 바에 의하면 새로운 그녀가 생긴 것 같다.

5 ~ところに　　　　　　　　　　　　　마침 ~때, ~하는데
　いいところに来たね。　　　　　　　마침 좋은 때에 왔군.

6 ~というところだ　　　　　　　　　　기껏해야~이다
　この車は高くても五百万円といったところだろう。
　　　　　　　　　　　　　　　　　　이 차는 비싸도 기껏해야 5백만 엔일 것이다.

7 ~たところで　　　　　　　　　　　　~해 봤자, ~한들
　今から出たところで間に合うはずがない。
　　　　　　　　　　　　　　　　　　지금부터 나온들 시간에 맞출 리가 없다.

⑧ ~ところまで行く | ~지점까지 가다
自分で歩けるところまで行く。 | 자신이 걸을 수 있는 데까지 간다.

⑨ ~るところだ | ~막 하려던 참이다(동작 변화의 개시 직전)
手紙を書くところだ。 | 편지를 막 쓰려던 참이다.

⑩ ~ているところだ | 지금 한창 ~하는 중이다(동작 변화의 진행 중)
ご飯を食べているところだ。 | 지금 밥을 먹고 있는 중이다.

⑪ ~たところだ | 지금 막 ~했다(동작 변화의 종료 직후)
お皿を洗ったところです。 | 지금 막 접시를 다 씻었습니다.

⑫ ~るところだった | ~할 뻔하다
川に落ちて、死ぬところだった。 | 강에 빠져 죽을 뻔했다.

⑬ ~ところを見ると | ~걸 보니까, ~걸 보면
辺りが急に静かになったところをみると、騒ぎはおさまったようだ。
주위가 갑자기 조용해진 것을 보니 소동은 진정된 것 같다.

⑭ ~ゆえに(の) | ~때문에(형식명사)
貧しさのゆえに勉強をやめました。 | 가난 때문에 공부를 그만두었습니다.

⑮ ~ので | ~하기 때문에, ~하니까(이유)
交通が不便なので、家賃は安い。 | 교통이 불편하기 때문에 집세는 싸다.

⑯ ~ために | ~하기 때문에, ~해서
道が混んでいたために遅れた。 | 길이 막혀서 늦었다.

⑰ ~ために | ~하기 위하여(목적)
試験に合格するために勉強する。 | 시험에 합격하기 위해 공부한다.

⑱ ~ための | ~을 위한
これは晩ご飯のためのお肉です。 | 이것은 저녁을 위한 고기입니다.

19 ~から　　　　　　　　　　　　　~하기 때문에, ~하니까
　　今日は暇だから、子供と遊ぶ。　　오늘은 한가하니까 아이와 논다.

20 ~からの　　　　　　　　　　　　~로부터(에서의)(출발점, 동작의 출처)
　　昨日、国の母からの荷物が届きました。
　　　　　　　　　　　　　　　어제 고향 어머니로부터의 짐이 도착했습니다.

21 ~てから　　　　　　　　　　　　~하고 나서, ~한 후에
　　夜は歯をみがいてから寝ます。　밤에는 이를 닦고 나서 잡니다.

22 ~てからでないと　　　　　　　　~하지 않으면
　　きちんと計画を立ててからでないと、失敗する可能性が高い。
　　　　　　　　　　　제대로 계획을 세우지 않으면 실패할 가능성이 높다.

23 ~から~まで　　　　　　　　　　~에서(부터) ~까지(범위)
　　今月から来月まで忙しくて暇が全然ありません。
　　　　　　　　　　이번 달부터 다음 달까지 바빠서 짬이 전혀 없습니다.

보충어휘

동사

歩く 걷다	乗る 타다	降りる 내리다	回る 돌다
曲がる 굽다	聞く 듣다	訪ねる 방문하다	調べる 조사하다
待つ 기다리다	持つ 갖다. 지니다.	上る 오르다	下る 내리다(자동사)
下りる 내리다(타동사)	撮る 사진을 찍다	比べる 비교하다	着く 도착하다
泊まる 묵다. 숙박하다.(자동사)		停まる 멈추다(자동사)	停める 멈추다(타동사)
出る 나오다		寄る 들리다	血が出る 피가 나오다
頭をぶつける 머리를 부딪치다		やけどをする 화상을 입다	
つきゆびをする 손가락을 다쳐 삐다		倒れる 넘어지다. 쓰러지다	すべる 미끄러지다
転ぶ 구르다. 굴러 넘어지다			

자·타동사

起きる 일어나다↔起こす 일으키다　　落ちる 떨어지다↔落とす 떨어트리다
降りる 내리다↔降ろす 내리다　　　　切れる 끊어지다↔切る 끊다
焼ける 타다↔焼く 태우다　　　　　　割れる 깨지다↔割る 깨트리다
折れる 꺾이다↔折る 꺾다　　　　　　出る 나오다↔出す 내다
溶ける 녹다↔溶かす 녹이다　　　　　揺れる 흔들리다↔揺らす 흔들다
燃える 타다↔燃やす 태우다　　　　　濡れる 젖다↔濡らす 적시다
逃げる 도망가다↔逃がす 도망가게 하다　冷える 식다↔冷やす 식히다
慣れる 익숙해지다↔慣らす 익히게 하다　増える 늘다↔増やす 늘리다
冷める 식다↔冷ます 식히다　　　　　生える 나다↔生やす 기르다
消える 꺼지다↔消す 끄다　　　　　　流れる 흐르다↔流す 흘리다
こわれる 부서지다↔こわす 부수다　　 隠れる 숨다↔隠す 숨기다
汚れる 더러워지다↔汚す 더럽히다　　　倒れる 쓰러지다↔倒す 쓰러뜨리다
こぼれる 넘쳐흐르다↔こぼす 흘리다, 엎지르다　通る 통하다↔通す 통하게 하다
直る 낫다↔直す 고치다　　　　　　　残る 남다↔残す 남기다
起こる 일어나다↔起こす 일으키다　　 閉まる 닫히다↔閉める 닫다
下がる 내리다↔下げる 내리다　　　　 始まる 시작되다↔始める 시작하다
見つかる 발견되다↔見つける 발견하다　上がる 오르다↔上げる 올리다

かかる 걸리다↔かける 걸다	当たる 맞다↔当てる 맞히다
止まる 멈추다↔止める 세우다	曲がる 구부러지다↔曲げる 구부리다
あたたまる 따뜻해지다↔あたためる 따뜻하게 하다	決まる 정해지다↔決める 정하다
集まる 모이다↔集める 모으다	伝わる 전해지다↔伝える 전하다
重なる 겹치다↔重ねる 겹치다	変わる 변하다↔変える 바꾸다
開く 열리다↔開ける 열다	育つ 자라다↔育てる 키우다
つく 붙다↔つける 붙이다	届く 도착하다↔届ける 보내다
痛む 통증을 느끼다↔痛める 다치다	立つ 서다↔立てる 세우다
並ぶ 늘어서다↔並べる 늘어놓다	続く 계속되다↔続ける 계속하다
揃う 갖추어지다↔揃える 맞추다, 갖추다	止む 그치다↔止める 그만두다
動く 움직이다↔動かす 움직이게 하다	減る 줄다↔減らす 줄이다
すく 비다↔すかす 비워두다	乾く 마르다↔乾かす 말리다
済む 끝나다↔済ます 끝내다	沸く 끓다↔沸かす 끓이다
乗る 타다↔乗せる 태우다	見る 보다↔見せる 보이다
着る 입다↔着せる 입히다	似る 닮다↔似せる 모조하다
なる 되다↔する 하다	はいる 들어가다↔いれる 넣다

🌌 우주

宇宙 우주	無重力 무중력	銀河 은하	天の川 은하수
ロケット 로켓	地球 지구		

문형활용

축하할 때

ご昇進おめでとうございます。	승진을 축하드립니다.
ご誕生を心からお祝いいたします。	출산을 진심으로 축하드립니다.
おめでとう。よかったですね。	축하해요. 다행이네요.
おめでとう。プレゼントです。	축하해요. 선물입니다.
就職が決ってよかったね。	취직이 결정되어 다행이야.
こんなすばらしいことはないわ。	이런 근사한 일은 없어.
皆様の健康と幸福をお祈りして、乾杯！	여러분의 건강과 행운을 기원하며, 건배!
よかったですね。しあわせを祈ります。	다행이군요. 행운을 빌게요.
どうぞお幸せに。	부디 행복하세요.
新年おめでとう。	새해 복 많이 받아요.
あけましておめでとうございます。	새해 복 많이 받으세요.
母の日、おめでとう。	어머니날, 축하해요.
本当にすてきなお母さんでいてくれてありがとう。	정말 훌륭한 어머니로 있어 주셔서 고마워요.
あなたと歩いてこられてよかった。	당신과 함께 올 수 있어서 행운이었어.
幸運を祈ります。	행운을 빌겠습니다.
大歓迎です。	대환영입니다.
ようこそ。	잘 오셨습니다.
ようこそおいでくださいました。	참으로 잘 와 주셨습니다.
ようこそ韓国へ。	한국에 잘 오셨습니다.
入社を歓迎します。	입사를 환영합니다.
木村さん、心より歓迎いたします。	기무라 씨 진심으로 환영합니다.
あなたの参加を心待ちにしていますよ。	당신의 참석을 진심으로 기다리고 있겠습니다.
首を長くしてお待ちしていました。	학수고대하고 있었습니다.

この日が来るのを待っていました。　　　이 날이 오기를 기다렸습니다.

확인과 응답

わかった?　　　　　　　　　　　　　　　알았어?
私の言ったこと、わかってるの?　　　　　내가 한 말 알고 있어?
これでわかりますか。　　　　　　　　　　이제 알겠습니까?
さっぱり分かりません。　　　　　　　　　도무지 모르겠습니다.
聞いたこともありません。　　　　　　　　들은 적도 없습니다.
それは初耳ですね。　　　　　　　　　　　그건 금시초문인데요.
ぼんやりとしか分かりません。　　　　　　어렴풋이 밖에 모르겠습니다.

문법정리

허락·양해

허락의 3대 표현으로 「いい, 大丈夫だ, かまわない」가 있다.

1. 「~ても(~해도) ~いいですよ。(좋습니다)」
   가. 窓を開けてもいいですよ。 창문을 열어도 좋습니다.
2. 「~ても(~해도) ~かまいません(よ)」(상관없습니다)」
   가. テレビを見てもかまいません。 텔레비전을 봐도 상관없습니다.
3. 「~ても(~해도) ~大丈夫です(よ)(괜찮습니다)」
   가. ここではタバコを吸っても大丈夫です。 여기서는 담배를 피워도 괜찮습니다.
4. 「~なくても(~하지 않아도) ~いい(よ)。(좋다. 된다)」
   가. 電気は消さなくてもいいよ。 전기를 끄지 않아도 좋아요.
5. 「~なくても(~하지 않아도) ~かまわない(よ)。(괜찮아)」
   가. 行かなくてもかまわないよ。 가지 않아도 괜찮아요.
6. 「~なくても(~하지 않아도) ~大丈夫だ(よ)。(상관없어)」
   가. そのアルバイトは学生でなくても大丈夫ですよ。
      그 아르바이트는 학생이 아니어도 괜찮습니다.

의무·금지

1. 긍정 조건

   가. 「~ては(では)(축약 ~ちゃ(じゃ)) ~하지 않으면」
      それを食べてはいけません。 그것을 먹으면 안 됩니다.

2. 부정 조건

   가. 「~なければ(축약 ~なきゃ, ~なけりゃ) ~하지 않으면」
      一人で行かなければなりません。 혼자서 가지 않으면 안 됩니다.

나. 「~なくては(축약 ~なくちゃ) ~하지 않아서는」
　　一人(ひとり)で行(い)かなくてはいけません。 혼자서 가지 않고서는 안 됩니다.
다. 「~ないと ~하지 않으면」
　　やってみないとどちらが勝(か)つかわからない。
　　해 보지 않으면 어느 쪽이 이길지 모르겠다.

■ 금지의 3대 표현

1. 「~ならない(되지 않는다, 안 된다)」
   가. してはならないことをしてしまった。 해서는 안 될 것을 해 버렸다.

2. 「~いけない(안 된다, 큰일이다)」
   가. とにかく、ここから出(で)なくてはいけない。
   　　어쨌든 여기로부터 나오지 않으면 안 된다.

3. 「~だめだ(안 된다, 못 쓴다, 허사다)」
   가. 少(すく)なくとも三(みっ)つ以上(いじょう)食(た)べないとだめです。
   　　적어도 3개 이상 먹지 않으면 안 됩니다.

■ 「~ために」 용법에서의 유의점

1. 「~ために」 뒤에는 의지, 의뢰, 권유, 명령 표현은 오지 못한다.
   가. 暑(あつ)いから窓(まど)を開(あ)けてください。 더우니까 창문을 열어 주세요.

2. 확실치 않은 근거를 이유로 들 수 없다.
   가. 雪(ゆき)が降(ふ)るらしいから車(くるま)で行(い)くのをやめた。
   　　눈이 올 것 같아서 차로 가지 않기로 했다.

3. 「~ために」는 「~ので」와 마찬가지로 사실 관계를 객관적으로 서술할 경우에 쓰이나, 「~ので」의 경우와는 달리, 부드러운 인상이나 완곡한 느낌은 주지 못한다.
   가. 犯行(はんこう)を認(みと)めたため、彼(かれ)を殺害(さつがい)の疑(うたが)いで逮捕(たいほ)した。
   　　범행을 인정했기 때문에 그를 살해 혐의로 체포했다.

문화

● 일본 사람들은 비록 친한 사이에서도 「サンキュー(땡큐)」,「ありがとう」,「ごめん」이라는 말을 일상생활에서 자주 쓴다. 친하지 않은 사이인 경우는 더욱 많이 쓴다. 일본 사람들은 그렇게 미안하게 생각하지 않아도 될 일인데도, 예의상 혹은 습관적으로 「ごめん」이나 「済みません」이라는 말을 일상생활에서 자주 사용하는 편이다. 따라서 일본 사람이 「すみません」이라 했다고 해서 꼭 부담을 느끼지 않아도 된다. 반드시 「대단히 죄송하다」는 의미만이 있는 것도 아니고, 예의상 또는 의례적으로 하는 인사말이나 덕담 정도일 수도 있다.

● 일본의 조미료
일본음식의 맛을 내는 조미료와 향신료로는 다음과 같은 것들이 있다.
1. 味噌 ― 일본의 된장으로 진한 赤みそ, 단맛이 나는 白みそ 등 지방에 따라 다양한 된장이 존재한다. 경우에 따라서는 두 가지 된장을 섞어서 쓰기도 한다. 味噌汁 외에, 味噌煮(된장으로 익힌 음식), 味噌漬け(된장에 절인 음식) 등에도 쓰인다.
2. 七味唐辛子 ― 일본의 음식점에서 사용하는 향신료로 특히 우동에 많이 쳐서 먹는다. 일곱 가지 맛으로 이루어진 고춧가루라는 뜻으로 산초, 참깨, 오래 묵은 귤껍질, 삼마 열매, 파래, 양귀비, 채종의 7가지 재료를 가루로 만들어 섞은 것이다.
3. 醬油 ― 우동, 라면, 센베 등 일본음식의 맛을 내는 대표적인 것으로 「キッコマン」상표가 유명하다. 색깔이 옅은 싱거운 간장, 염분을 줄인 간장 등도 있다.

다음 문장을 밑줄 친 부분에 유의하면서 日訳해 보자.

1. 지금부터 어머니에게 전화를 걸려는 참입니다.

   ⇨

2. 그는 대학에 들어가기 위해서 열심히 공부하고 있습니다.

   ⇨

3. 서울부터 부산까지 어느 정도 걸립니까?

   ⇨

4. 오늘은 휴일이니까 집에서 푹 쉬어야지.

   ⇨

제10과 술은 마셔도 좋다.

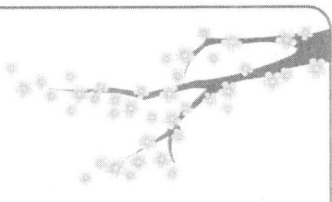

~てもいい, ~といい, ~てもいいですか, ~てもいいから, ~なくてもいい, ~なくて, ~ないで, ~ずに, ~ないつもりだ, ~つもりはない, ~ましょう, ~ましょうか, ~でしょう, ~だろう, ~だろうと思う, ~と, ~(の)とおりに, ~かもしれない, ~てしまう, ~ておく

기본문형

1 ~てもいい　　　　　　　　　　　　　~해도 좋다
　お酒は飲んでもいい。　　　　　　　술은 마셔도 좋다.(괜찮다)

2 ~といい　　　　　　　　　　　　　 ~하면 좋겠다(화자의 희망)
　父や母が元気だといいんですが。　 아버지, 어머니께서 건강하셨으면 좋겠는데.

3 ~てもいいですか　　　　　　　　　~해도 됩니까(허락)
　料理を作ってもいいですか。　　　　요리를 만들어도 됩니까?

4 ~てもいいから　　　　　　　　　　~라도 좋으니까
　狭くてもいいから、自分のアパートがほしい。
　　　　　　　　　　　　　　　　　　좁아도 좋으니까 내 아파트를 갖고 싶다.

5 ~なくてもいい　　　　　　　　　　~하지 않아도 좋다
　わざわざ来なくてもいい。　　　　　일부러 오지 않아도 좋다.(된다)

6 ~なくて　　　　　　　　　　　　　~하지 않아서
　天気がよくなくて、どこへも行かなかった。
　　　　　　　　　　　　　　　　　　날씨가 좋지 않아서 아무 데도 가지 않았다.

7 ~ないで　　　　　　　　　　　　　~하지 않고
　本を見ないで、答えなさい。　　　　책을 보지 말고 대답하세요.

8 ~ずに | ~하지 않고

泣かずに話してください。 | 울지 말고 이야기하세요.

9 ~ないつもりだ | ~하지 않을 생각이다(의지의 부정)

お金だけは借りないつもりです。 | 돈만은 빌리지 않을 생각입니다.

10 ~つもりはない | ~할 생각은 없다

彼は信用できないので、付き合うつもりはありません。

그는 신용할 수 없어서 사귈 생각이 없습니다.

11 ~ましょう | ~합시다

毎日牛乳を飲みましょう。 | 매일 우유를 마십시다.

12 ~ましょうか | ~할까요

一緒に食事に行きましょうか。 | 함께 식사하러 갈까요?

13 ~でしょう | ~이겠죠(추측, 상상)

明日はたぶん雨が降るでしょう。 | 내일은 아마 비가 오겠죠.

14 ~だろう | ~일 것이다(추측, 상상)

これは韓国製だから、きっと丈夫だろう。

이것은 한국제이니까 분명히 튼튼할 거야.

15 ~だろうと思う | ~라고 생각한다. ~인 것 같다

彼は来ないだろうと思います。 | 그는 오지 않을 것입니다.

16 ~と、 | ~하자, (이어 다른 사항이 일어나는 경우)

勉強していると、友達が遊びに来ました。

공부하고 있자 친구가 놀러 왔습니다.

17 ~(の)とおりに | ~대로

説明書どおり機械を動かしてください。

설명서대로 기계를 작동해 주세요.

18 ~かもしれない　　　　　　　　　~할지도 모른다

彼は外国人かもしれません。　　　그는 외국인일지도 모릅니다.

19 ~てしまう　　　　　　　　　　~해 버리다

お金を全部使ってしまいました。　돈을 전부 써 버렸습니다.

20 ~ておく　　　　　　　　　　　~해 두다

その品物は包んでおきました。　　그 물품은 포장해 두었습니다.

보충어휘

형용사

強(つよ)い 강하다	弱(よわ)い 약하다	難(むずか)しい 어렵다
易(やさ)しい 쉽다	美味(おい)しい 맛있다	まずい 맛없다
熱(あつ)い 뜨겁다	冷(つめ)たい 차갑다	暑(あつ)い 덥다
寒(さむ)い 춥다	暖(あたた)かい 따뜻하다	涼(すず)しい 서늘하다
美(うつく)しい 아름답다	忙(いそが)しい 바쁘다	いい(良い) 좋다
悪(わる)い 나쁘다	うまい 맛있다, 잘 한다	すごい 굉장하다, 대단하다
はずかしい 부끄럽다	うらやましい 부럽다	嬉(うれ)しい 기쁘다
悲(かな)しい 슬프다	楽(たの)しい 즐겁다	寂(さび)しい 외롭다

접속사

だから 그렇기 때문에	それで 그래서	従(したが)って 따라서
しかし 그러나	けれども 그렇지만	だが 그렇지만, 그러나
(それ)でも 그래도	だって 하지만, 왜냐하면	ところで 그런데(화제 전환)
ところが 그런데(예상에 반하여)	また 또, 또한	または 또는
それとも 그렇지 않으면	それから 그리고 나서	それに 게다가
しかも 게다가, 더욱이, 더구나	そして 그리고	こんな 이러한, 이런
そんな 그러한, 그런	あんな 저러한, 저런	どんな 어떠한, 어떤
いろんな 각양의	この 이	その 그
あの 저	どの 어느	わが 나의
ある 어떤, 어느	あらゆる 모든	大(おお)きな 커다란
小(ちい)さな 조그만, 작은		

😊 감탄사

あ! 아!	あっ 악, 앗	あら 어머	
ほら 거봐, 저 봐(주위 환기)		もしもし 여보세요	こら 이놈들
おい 이봐!	ああ 아~	はい 예	ええ 예
いいえ 아니요	うん 응		

😊 가게

肉屋(にくや) 고깃집, 정육점	コンビニ 편의점	蕎麦屋(そばや) 소바 가게, 메밀국수 가게
文房具屋(ぶんぼうぐや) 문방구점	玩具屋(おもちゃや) 장난감 가게	飲み屋(のみや) 주점, 술집
パチンコ屋(や) 파친코점	クリーニング屋(や) 세탁소	床屋(とこや) 이발소

문형활용

맞장구칠 때

そうね。	그렇군요.
なるほど。	과연. 정말.
そのとおりです。	그대로입니다.
本当なの?	정말이야?
そうなの?	그래, 그러니?
それでどうしたの?	그래서 어쨌니?
やっぱりね。	역시.
そうなんですよね。	그렇군요.
あら、そう?	어, 그래?
えっ、そうですか。	엣, 그러세요?
そうですか、それはいけませんね。	그렇습니까, 그거 안 됐군요.
あっ、本当ですか。	앗, 정말이세요?
そうですか、知りませんでした。	그러세요, 몰랐습니다.
私もそうなんです。	저도 그렇습니다.
私だって同じです。	저도 같습니다.
私もそう思います。	저도 그렇게 생각합니다.
まったく同感です。	전적으로 동감입니다.
私にもできません。	저도 못합니다.
まあ、そうも言えるでしょうね。	글쎄 그렇게도 말할 수 있겠군요.
私にもわかりません。	저도 모르겠습니다.
大変だね。	큰일이야.
別にかまわないね。	별로 상관없어.
それはまずいですね。	그거 안 됐군요.

문법정리

■ 목적・의도

1. 「~ために」 ~하기 위해, ~ 때문에
   가. 服を買うために貯金する。 옷을 사기 위해 저금한다.
2. 「~ように」 ~하도록, ~하게(끔), ~하듯이
   가. いい服が買えるように貯金する。 좋은 옷을 살 수 있도록 저금한다.
3. 「ます형 + に」 ~하러, ~하기 위해
   가. 服を買いに行く。 옷을 사러 간다.
4. 「(선물, 기념 등) + に」 ~로써, ~명목으로
   가. 母の誕生日のプレゼントに服を買う。 어머니의 생일 선물로 옷을 사다.

■ 추측 1

1. 「もしかしたら(もしかすると)~かもしれない」 어쩌면~일지도 모른다
   가. もしかしたら雪が降るかもしれない。 어쩌면 눈이 올지도 모른다.
2. 「たぶん/おそらく/きっと~だろう(でしょう)」 아마/틀림없이/분명히~이겠죠(이겠지)
   가. 彼は多分来ないでしょう。 그는 아마 오지 않을 것이다.(오지 않겠지요.)
3. 「たしか~でしたね」 확실히(아마)~이었지요(했었지요)
   가. たしか田中さんは学生でしたね。 아마 다나카 씨는 학생이었지요.

■ 추측 2

1. 「~ようだ」는 보다 주관적인 판단이 작용한다. 추측과 伝聞의 뜻으로 사용된다. 「연체형 + ようだ」 ~모양이다, ~같다.
   가. あの人形はまるで生きているようです。 저 인형은 마치 살아있는 것 같습니다.
2. 「~みたいだ」는 추측 및 전문에 쓰인다. 「사전형(기본형) + みたいだ」 ~같다. ~라고 한다.

가. 彼は旅行に行くみたいですよ。 그는 여행에 갈 것 같습니다.

3. 「~らしい」는 「~답다」의 뜻으로 쓰인다. 「사전형(기본형) + らしい」 ~답다

   가. 彼は本当に男らしい。 그는 정말로 남자답다.

4. 「~はずだ」는 객관적 근거에 의해 단정적인 추측을 나타낸다. 「연체형 + はずだ」 (~인 것임에 틀림없다. 틀림없이 ~일 것이다)

   가. あした着くはずだ。 내일 도착할 것이다.

5. 「연체형 + はずがない」 (~할(일) 리가 없다)

   가. 彼は今夜のパーティーに来るはずがない。 그는 오늘 밤 파티에 올 리가 없다.

문화

● 행운을 부르는 물건

일본인이 행운을 부른다고 생각하는 물건들이다.
1. 招き猫 – 한 손을 들고 앉아 있는 고양이다. 보통 한 손에는 돈을 들고 있어서 장사를 하는데 손님을 부른다는 의미를 가지고 있다.
2. 熊手 – 복을 긁어모은다는 의미를 가지고 있는 복갈퀴이다.
3. だるま – 오똑이처럼 생기고 한쪽 눈만 그려진 인형이다. 開運을 비는 물건이며 그 바람이 이루어 졌을 경우에는 다른 눈 하나를 마저 그려 넣으며 축하한다.
4. 折り鶴 – 병의 회복을 기원하거나 소원을 빌 때 만든다. 주로 선물을 하는 경우가 많다.
5. 숫자(八) – 八은 위가 좁고 아래로 향할수록 넓어져서 점점 발전한다는 이미지가 있다. 또한 차를 끓였을 때 찻잎이 곧추 서는 경우는 좋은 일이 생긴다고 여긴다.
6. 五円 – 五円과 ご縁의 발음이 같아서 좋은 만남이 있다고 여긴다.

※ 이 외에도 다음은 피해야 할 숫자나 행동이다.
1. 4와 9
   四(넉 사)와 死(죽을 사), 九(아홉 구)와 苦(괴로울 고)의 일본어 발음이 똑같아 〈く〉가 되어서 싫어하는 숫자가 된다. 그리고 아픈 사람의 병문안을 갈 경우에는 뿌리가 있는 식물은 선물하지 않는다. 일본어로 根(뿌리 근)과 寝(잠잘 침)이 같은 음인 〈ね〉가 되기 때문에 누운 상태가 계속 이어지는 재수 없는 선물이라고 여기기 때문이다.
2. 결혼식장에서는 〈終わる〉나 〈切れる〉라는 단어는 쓰지 않는다.

다음 문장을 밑줄 친 부분에 유의하면서 日訳해 보자.

1. 네, 사용해도 좋습니다.

    ⇨

2. 이제 병원에 가지 않아도 된다.

    ⇨

3. 그는 오늘 가방을 들지 않고 집을 나갔습니다.

    ⇨

4. 아마 비가 올 것이다.

    ⇨

 제11과 기뻐서 어쩔 줄 모르겠다.

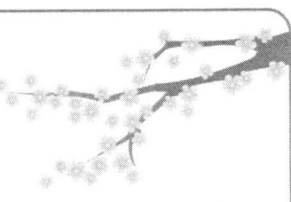

~てたまらない, ~てしょうがない, ~てはいられない, ~がる, ~ように, ~ようにする, ~ようになる, ~(よ)うとする, いくら~ても, たとい~ても, ~さえ, もし~ば, ~けれども, ~だったら(でしたら), ~の間に, ~うちに, ~しないうちに, ~ばかり~ている, ~てばかりいる, ~たばかりだ

기본문형

1 ~てたまらない(ならない) | ~해서 죽겠다(원인이 되어 참을 수 없는 사항)
うれしくてたまらない。 | 기뻐서 어쩔 줄 모르겠다.
昨夜から歯が痛んでたまりません。 | 어젯밤부터 이가 아파서 참을 수가 없습니다.

2 ~てしょうがない | 너무~하다, ~해 죽겠다
両親に会いたくてしょうがない。 | 부모님을 너무 뵙고 싶다.

3 ~てはいられない | ~하고 있을 수 없다(불가능)
こんな恥ずかしいことを聞いて、我慢していられません。
이런 창피스런 것을 듣고 참을 수 없습니다.

4 ~がる | ~워 하다(그런 느낌을 받다는 뜻)
弱虫の弟はお化けの話しにすぐこわがります。
겁쟁이 남동생은 도깨비 이야기에 곧 무서워합니다.

5 ~ように | ~하도록
なるべく歩くようにしなさい。 | 될 수 있는 대로 걷도록 하세요.

6 ~ようにする | ~하도록 하다(주체의 의지에 의한 귀결)
これからは遅刻しないようにします。 이제부터는 지각하지 않도록 하겠습니다.

7 ~ようになる | ~하게 되다(상황의 변화 과정)
私は主人の影響でお酒を飲むようになりました。
나는 남편의 영향으로 술을 마시게 되었습니다.

8 ~(よ)うとする　　　　　　　　　　　~려고 하다(행동의 시도)
　　家を出ようとしたとき、電話がかかってきました。
　　　　　　　　　　　　　　　집을 나서려고 할 때 전화가 걸려 왔습니다.

9 いくら~ても　　　　　　　　　　　아무리~해도(역접의 확정, 가정)
　　いくらお金があっても買えない物があります。
　　　　　　　　　　　　　　　아무리 돈이 있어도 살 수 없는 것이 있습니다.

10 たとい(例え)~ても　　　　　　　　가령~라도(조건)
　　たとい試験を受けなくてもいい。　　가령 시험을 치지 않아도 좋다.

11 ~さえ　　　　　　　　　　　　　　~조차, ~만
　　あいさつさえできなかった。　　　　인사조차 못 했었다.
　　行きさえすればいいです。　　　　　가기만 하면 됩니다.

12 ~さえ~ば　　　　　　　　　　　　~만 ~하면(조건)
　　お金さえあれば何でも買える。　　　돈만 있으면 무엇이든 살 수 있다.

13 もし~ば　　　　　　　　　　　　　만약 ~하면(가정 조건)
　　もし約束を守らなければ、今後一切付き合いませんよ。
　　　　　　　　　　　　　만약 약속을 지키지 않으면 앞으로 일체 교류하지 않겠어요.

14 ~けれども(けれど, けど)　　　　　~이지만(역접 가정)
　　明日は日曜日だけど、会社に行かなくてはいけません。
　　　　　　　　　　　　　　　내일은 일요일이지만 회사에 가야 합니다.

15 ~だったら(でしたら)　　　　　　　~이라면(단정 조건)
　　私だったら、もっとおいしいカレーを作ります。
　　　　　　　　　　　　　　　저라면 좀 더 맛있는 카레를 만들겠습니다.

16 ~(の)間に　　　　　　　　　　　　~(의) 동안에(특정한 시간)
　　授業の間、ガムをかんではいけません。
　　　　　　　　　　　　　　　수업 중에는 껌을 씹어서는 안 됩니다.

17 ~うちに　　　　　　　　　　　　~동안에(시간적인 한정 조건)
元気なうちにたくさん旅行をするつもりです。
　　　　　　　　　　　　　　건강할 때에 많이 여행을 할 생각입니다.

18 ~しないうちに　　　　　　　　　~하기 전에
勉強しないうちに休みましょう。　공부하기 전에 쉽시다.

19 ~か~ないかのうちに　　　　　　~하자마자, ~할까 말까
始まるか始まらないかのうちに会議はもう終わった。
　　　　　　　　　　　　　　회의가 시작하자마자 벌써 끝났다.
乗るか乗らないかのうちにバスは行ってしまった。
　　　　　　　　　　　　　　탈까 말까하는 사이에 버스는 가버렸다.

20 ~ばかり~ている　　　　　　　　~만 하고 있다(계속)
学校では日本語ばかり習っています。
　　　　　　　　　　　　　　학교에서는 일본어만 배우고 있습니다.

21 ~てばかりいる　　　　　　　　　~하고만 있다(특정의 동작 계속)
毎日お酒を飲んでばかりいます。　매일 술만 마시고 있습니다.

22 ~たばかりだ　　　　　　　　　　막~하다(동작이 끝난 지 얼마 되지 않음, 완료)
会議はさっき終わったばかりです。회의는 아까 막 끝났습니다.

보충어휘

매장

売り場 매장	店員 점원	お客 손님
レジ 레지, 계산대	お金 돈	小銭 작은 돈, 잔돈
お釣り 거스름 돈, 낚시	現金 현금	クレジットカード 신용카드
消費税 소비세	領収証 영수증	レシート 레시트(금액을 찍은 것)
値段 가격	割引 할인	バーゲンセール 바겐세일

전화

電話番号 전화번호	公衆電話 공중전화	ファックス 팩스
携帯電話 휴대폰	テレホンカード 전화카드	飛行機 비행기
空港 공항	出発ロビー 출국로비	パスポート 여권
ビザ 비자, 사증	チケット 티켓, 표	

생활용품

器 그릇	皿 접시	箸 젓가락	鍋 냄비
コップ 컵	電話 전화	テレビ 텔레비전	ビデオ 비디오
冷蔵庫 냉장고	洗濯機 세탁기	服 옷	帽子 모자
眼鏡 안경	スーツ 양복	靴 구두	

문형활용

부탁할 때

お願いしてもいい?	부탁해도 돼?
ちょっと手伝ってくれない?	좀 거들어 주지 않겠어?
申し訳ないのですが…。	죄송합니다만….
お手洗いを使わせていただけるでしょうか。	화장실을 쓸 수 있을까요?
もしよかったら、いま行ってもいいですか。	만약 괜찮다면 지금 가도 됩니까?
お砂糖を取っていただけますか。	설탕을 집어 주시겠어요?
これをやってください。	이것을 해 주세요.
その店まで車で送ってくれない?	그 가게까지 차 태워 주지 않겠어?
ペンを貸していただけませんか。	펜을 빌려 주시지 않겠어요?
ボールペン持っている?	볼펜 가지고 있어?
一万円貸していただけますか。	1만 엔 빌려 주시겠어요?
電話をいただけますか。	전화를 걸어주실 수 있습니까?
今晩、電話してもらえるとありがたいのですが。	오늘밤 전화해 주시면 고맙겠습니다만.
音を小さくしてください。	소리를 줄여 주세요.
電話を使ってもいいでしょうか。	전화를 써도 될까요?
ちょっといいですか。	잠깐 괜찮겠어요?
お願いがあるんですが。	부탁이 있는데요.
ちょっとお聞きしたいのですが。	좀 여쭙고 싶은데요.
お邪魔してすみません。	방해해서 미안합니다.
お話中、すみません。	말씀 중에 죄송합니다.
お願いがあります。	부탁이 있습니다.
頼みたいことがあります。	부탁하고 싶은 것이 있습니다.

お電話をいただけますか。	전화를 해 주시겠습니까.
日本語の本を貸してくれませんか。	일본어 책을 빌려 주지 않겠습니까.
お時間をいただけませんか。	시간을 내어 주시겠습니까.
手伝ってくれますか。	도와주겠습니까.
日本語の辞書を貸してください。	일본어 사전을 빌려 주세요.
日本語を教えてください。	일본어를 가르쳐 주세요.

전화

電話をする	전화를 하다.
電話を入れる	전화를 넣다.
電話に出る	전화에 나오다(전화를 받다).
電話を代わる	전화를 바꾸다.
電話を切る	전화를 끊다.
電話を回す	(걸려 온)전화를 다른 곳으로 돌리다.
電話口に呼び出す	(상대를)전화 쪽으로 호출하다(부르다)
部屋に繋ぐ	방으로 연결하다
国際電話を申し込む	국제전화를 신청하다.
通訳を頼む	통역을 부탁하다.
番号を教える	번호를 가르쳐 주다.
Aさんからの電話がありました。	A씨로부터 전화가 왔습니다.
日本からのファックスが届いたとのメッセージがありました。	일본으로부터의 팩스가 도착했다는 메시지가 있었습니다.
日本からの国際電話が届きました。	일본에서 국제전화가 왔습니다.
ただいま、お話し中ですので、しばらくしてからおかけ直してください。	지금 통화 중이므로 잠시 후 다시 걸어 주십시오.
切らずにお待ちください。	끊지 말고 기다려 주십시오.
もう一度お確かめになってご利用くださいませ。	다시 한 번 확인하신 후에 이용해 주십시오.

こちら、鈴木様へのメッセージです。	여기 스즈키 씨에의 메시지입니다.
田中さんからの電話がありました。	다나카 씨로부터 전화가 왔었습니다.
別に伝言はありませんでした。	특별히 전하는 말은 없었습니다.
もう一度電話をなさるということです。	다시 한 번 전화하신다고 합니다.
電話をしてほしいということです。	전화해 달라고 합니다.
七時すぎに、直接こちらへお訪ねになるということです。	7시 지나서 직접 여기로 찾아오신다고 합니다.
この書類を朴部長にわたしてもらいたいとの伝言がありました。	이 서류를 박 부장님에게 전해 달라는 말씀이 있었습니다.

문법정리

様態・伝聞

모양과 상태를 보고 시각적, 직관적으로 판단하는 것으로 양태의「~そうだ」가 있다.「종지형 + そうだ」는「~라고 한다」의 의미를 가진 伝聞의 표현으로 양태의「~そうだ」와는 별개의 표현이다.

1. 양태의「~そうだ」

   가. 「형용동사 + そうだ」 ~일(할) 것 같다
   この部屋はしずかそうだ。 이 방은 조용할 것 같다.

   나. 「형용사 + そうだ」 ~일(할) 것 같다
   このケーキ、おいしそうですね。 이 케이크 맛있을 것 같군요.

   다. 「동사(ます형) + そうだ」 ~할 것 같다(될 것 같다)
   今にも雨が降りそうです。 지금이라도 비가 내릴 것 같습니다.

2. 伝聞의「(종지형 + そうだ)」

   가. 「명사(~だ) + そうだ」 ~라고 한다
   この店のほとんどは学生だそうだ。 이 가게의 대부분은 학생이라 한다.

   나. 「형용동사(~だ) + そうだ」 ~라고 한다
   この部屋はしずかだそうです。 이 방은 조용하답니다.

   다. 「형용사(~い) + そうだ」 ~라고 한다
   あしたさむいそうです。 내일 춥다고 합니다.

   라. 「동사 기본형 + そうだ」 ~라고 한다
   彼はあしたも来るそうです。 그는 내일도 온 답니다. (온다고 합니다)

3. 「~ない」의 추측

   가. 「~なさそうだ」 ~없는 것 같다
   学生はなさそうだ。 학생은 없는 듯 하다.

4. 「~そうだ」의 부정

   가. 「~そうにない」, 「~そうもない」 ~할 것 같지도 않다
   食べそうもない。 먹을 것 같지도 않다.

■ 授受 표현

1. 주다

   가. 「あげる」 내가 타인에게 줄 때

   「さしあげる」 (윗사람에게) 드리다.
   (베품의 느낌이 포함되어 있어 타인에게 주는 경우에 사용)
   彼には何をあげましたか。 그에게는 무엇을 드렸습니까?

   나. 「くれる」 타인이 나에게 줄 때 (윗사람에게)주시다

   「くださる」 (감사의 느낌이 포함되어 있어 타인에게 주는 경우에 사용)
   これは兄がくれたデジタルカメラです。 이것은 형이 준 디지털 카메라입니다.

2. 받다

   가. 「もらう」 받다(타인에게 받을 때)

   「いただく」 (윗사람에게)받다
   これは彼にもらった財布です。 이것은 그에게 받은 지갑입니다.

■ 동작을 주고받는 표현

「て형」에 보조동사로써 「あげる, くれる, もらう」가 연결되면 물건이 아닌 행위, 서비스 등을 주고받는 표현이 된다.

1. 「~に~てあげる」 (베품) ~해 주다(내가 타인에게)

   가. 彼女に財布を買ってあげました。 그녀에게 지갑을 사 주었습니다.

2. 「~に~さしあげる」 ~해 드리다(손윗사람에게 해 드릴 때)

   가. 先生に花をさしあげました。 선생님께 꽃을 드렸습니다.

3. 「~に~てくれる」(고마움) ~해 주다(타인이 나에게)
   가. 姉が英語の本を買ってくれた。 언니가 영어 책을 사 주었다.
4. 「~に~てくださる」 ~해 주시다(손윗사람이 주실 때)
   가. 先生が私に日本語を教えてくださいました。
   선생님이 저에게 일본어를 가르쳐 주셨습니다.
5. 「~に(~から)~てもらう」 (고마움) ~에게~해 받다.(사람 주어).
   가. 彼に財布を買ってもらいました。
   그에게 지갑을 사 받았습니다. (그가 지갑을 사 주었습니다.)
6. 「~から/~に~ていただく」 (손윗사람에게 받을 때) ~에게 ~해 받다. ~이 ~해 주시다.
   가. 彼に花を買っていただきました。
   그에게 꽃을 사 받았습니다. (그가 꽃을 사 주셨습니다)

문화

● 전화번호

　　　　　(03)　　　　2587　　　1144
　　　　市外局番　　　局番　　　番号
　　　　しがいきょくばん　きょくばん　ばんごう

전화번호는 위와 같이 시외국번, 국번, 번호로 되어 있다. 읽는 방법은 시외국번과 국번 사이, 국번과 번호 사이에 「の」를 넣어 읽는다.

예)　(03)　　2587　　　1144
　　ゼロ サン ノ ニイ ゴウ ハチ ナナ ノ イチ イチ ヨン ヨン

전화번호를 말할 때에는 특별히 숫자 2는 「ニイ」, 5는 「ゴウ」로 읽는다. 0은 「ゼロ」「レイ」「マル」 등으로 읽는다. 일본에서 전화번호를 모를 때에는 「104번」으로 전화하면 알 수 있다.

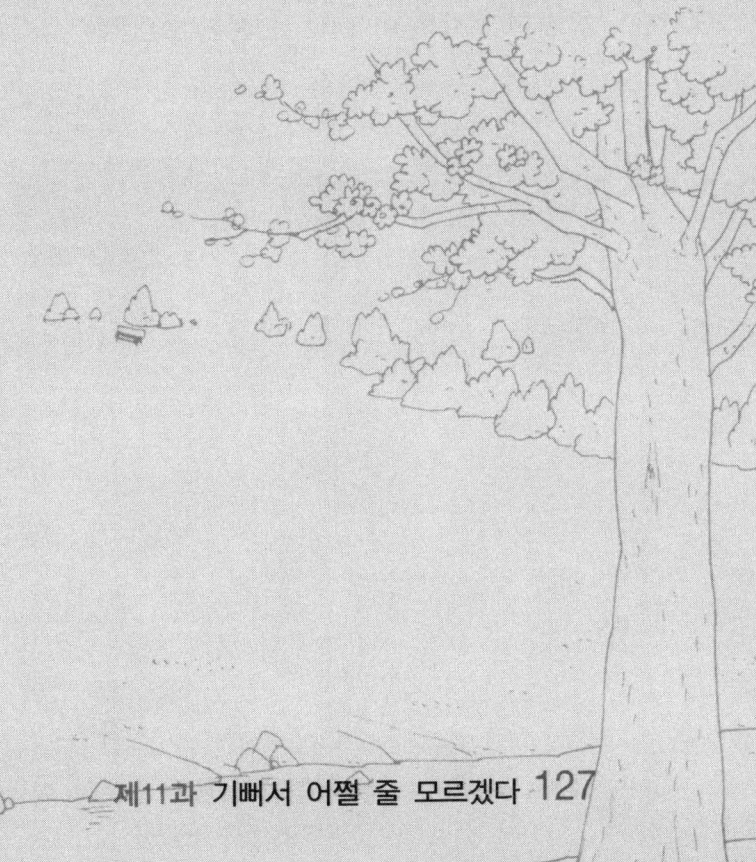

제11과 기뻐서 어쩔 줄 모르겠다

다음 문장을 밑줄 친 부분에 유의하면서 日訳해 보자.

1. 아이들이 차가운 물을 <u>마시고 싶어 한다</u>.

   ⇨

2. 혼자서 신발을 신을 <u>수 있게끔 되었습니다</u>.

   ⇨

3. 물건을 소중히 사용<u>하도록</u> 언제나 말하고 있습니다.

   ⇨

4. 저 사람의 이야기는 <u>아무리 들어도</u> 모르겠습니다.

   ⇨

 # 제12과 나는 어머니에 의해 아침 일찍 깨워졌습니다.

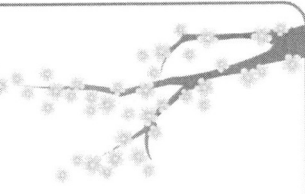

~に~られる(직접수동), ~に~を~られる(피해의 수동), ~に~られる, ~終える, ~なおす, ~かえす, ~出す, ~はずだ, ~はずがない, ~はずなのに, ~ないはずがない, ~だに~ない, ~がちだ, ~っぽい, ~気味, ~に代わりに, ~に代わって, ~最中に, ~が最後, ~のみならず, ~たい, ~たがる

기본문형

1 ~に~られる　　　　　　　　　　~에게 ~받다(직접 수동)
私は母に朝早く起こされました。　나는 어머니에 의해 아침 일찍 깨워졌습니다.
　　　　　　　　　　　　　　　　(어머니가 나를 아침 일찍 깨웠습니다.)

2 ~に~を~られる　　　　　　　　　~에게 ~을 ~당하다(수동)
小田さんは誰かに財布を盗まれました。
　　　　　　　　　　　　　　　　오다 씨는 누군가에게 지갑을 도둑맞았습니다.

3 ~に~られる　　　　　　　　　　~에게(이) ~(당)하다(피해의 수동)
母に倒れられて、私が家事をしています。
　　　　　　　　　　　　　　　　어머니가 쓰러져서 내가 집안일을 하고 있습니다.

4 ~に~られる　　　　　　　　　　~에게 ~되다(지다)(무생물의 수동)
オリンピックは四年に一回開かれます。
　　　　　　　　　　　　　　　　올림픽은 4년에 1번 열립니다.

5 ~終える　　　　　　　　　　　　다~했다(동작의 완료)
学校から帰ってきたら、宿題をやり終えてから遊びに行く。
　　　　　　　　　　　　　　　　학교에서 돌아오면 숙제를 다 끝내고 나서 놀러 간다.

6 ~直す　　　　　　　　　　　　　다시~하다(만족스럽지 못할 때)
もう一度考え直した方がいい。　　다시 한 번 생각하는 게 좋다.

7 ~かえす　　　　　　　　　　　　다시~하다(원래 상태로 되돌리다)

そのことについて先生に聞き返しました。
そのこと에 대해 선생님께 되물었습니다. (여쭤봤습니다)

8 ~出す　　　　　　　　　　　~하기 시작하다(갑작스럽게 그렇게 된 느낌)

妹は家につくと急に泣き出した。
여동생은 집에 도착하자 갑자기 울기 시작했다.

9 ~はずだ　　　　　　　　　　~일 것이다, 틀림없이 ~일 것이다
　　　　　　　　　　　　　　　(확신에 가까운 추측)

日本のラーメンだから、辛くないはずだ。
일본 라면이니까 맵지 않을 것이다.

10 ~はずがない　　　　　　　　~일 리가 없다(絶対, 決して 등과 호응)

そんなことは絶対あるはずがない。　그런 일 절대로 없을 것이다.

11 ~はずなのに　　　　　　　　~텐데
　　　　　　　　　　　　　　　(ありえない, 不可能だ, おかしい 등과 호응)

約束したはずなのに今日も彼は来なかった。
분명히 약속했을 텐데 오늘도 그는 오지 않았다.

12 ~ないはずがない　　　　　　~하지 않을 리가 없다(이중 부정)

ちゃんと勉強していれば問題がわからないはずがない。
제대로 공부하고 있다면 문제를 모를 리가 없다.

13 ~だに + (부정 호응) ない　　~조차

まさかこんなことになろうとは、思うだにしなかった。
설마 이런 것이 될 것이라고는 생각조차 못했다.

14 ~がちだ(の)　　　　　　　　~쉽다, (~쉬운)

遅れがちの時計。　　　　　　　늦기 쉽상인 시계.

15 ~っぽい　　　　　　　　　　~할 경향이 있다, ~답다, ~스럽다

金さんは怒りっぽいです。　　　김 씨는 화를 잘 내는 경향이 있습니다.

これは水っぽいです。　　　　　　　　이것은 물인 것 같습니다.

16　~気味　　　　　　　　　　　　~기미, ~기색, ~경향
　　焦り気味だ。　　　　　　　　　초조한 기색이다.
　　遅れ気味である。　　　　　　　늦어질 기색이다.

17　~代わりに　　　　　　　　　　~을 대신하여
　　私が掃除をするから代わりに皿を洗ってくれ。
　　　　　　　　　　　　　　　　내가 청소를 할 테니까 대신 그릇을 씻어 줘.

18　~に代わって　　　　　　　　　~을 대신해서
　　首相に代わって、外相が外国の来賓を出迎えた。
　　　　　　　　　　　　　　　　수상을 대신해서 외상이 외국의 내빈을 맞이했다.

19　~最中に　　　　　　　　　　　한창 ~일 때
　　雨が降っている最中に彼女が来た。
　　　　　　　　　　　　　　　　비가 한창 내리고 있는 때에 그녀가 왔다.

20　~が最後(=~したら最後)　　　일단 ~했다하면
　　あいつはマイクを握ったが最後、離そうとしない。
　　　　　　　　　　　　　　　　저 녀석은 마이크를 일단 잡았다하면 놓지 않으려고 한다.

21　~のみならず(=だけでなく)　　~뿐 아니라
　　先生のみならず先輩までもが説教する。
　　　　　　　　　　　　　　　　선생님 뿐 아니라 선배까지도 설교한다.

22　~たい　　　　　　　　　　　　~하고 싶다
　　明日はゆっくり休みたいです。　내일은 충분히 쉬고 싶습니다.

23　~たがる　　　　　　　　　　　~하고 싶어하다(제3자)
　　彼女は公園へ行きたがります。　그녀는 공원에 가고 싶어 합니다.

보충어휘

부사

および 및	また 또
ならびに 및	かつ 또한, 역시
そして 그리고	それから 그리고 나서, 그리고
それに 게다가, 거기에	そのうえ 게다가, 그 위에
しかも 게다가, 더구나	さらに 그 위에, 더욱 더, 게다가
おまけに 게다가, 더 나아가	あるいは 혹은
それとも 그렇지 않으면, 아니면	または 또는, 혹은
もしくは 또는, 혹은	ないし 내지
さて 그러면, 그런데	では 그러면, 그렇다면
ところで 그런데(화제 전환)	ところが 그런데(예상에 반하여)
それはそうと 그건 그렇고	なお 또한, 더욱, 더구나, 역시
だから 그래서, 그러니까	それで 그래서
そこで 그래서, 거기서	したがって 따라서
すると 그러자, 그러면	それなら 그러면, 그렇다면
そのため 그 때문에, 그래서	しかし 그러나
だが 그러나, 그렇지만	けれども 그러나, 그렇지만
でも 그러나, 그렇지만	それなのに 그런데도
とはいえ 그렇다고는 해도, 그렇다고는 하나	すなわち 즉, 곧, 바꾸어 말하면
つまり 결국, 요컨대, 말하면, 즉	たとえば 예를 들면
ただし 단, 단지, 다만	

문형활용

帽子を被る	모자를 쓰다↔벗다: ぬぐ, とる
眼鏡をかける	안경을 쓰다↔벗다: はずす
洋服を履く	양복을 입다↔벗다: ぬぐ
ズボンをはく	바지를 입다↔벗다: ぬぐ
靴をはく	구두를 신다↔벗다: ぬぐ
靴下をはく	양말을 신다↔벗다: ぬぐ
ネクタイを絞める	넥타이를 매다↔풀다: はずす, とる
時計をはめる	시계를 차다↔풀다: とる
指輪をはめる	반지를 끼다↔빼다: とる
手袋をはめる	장갑을 끼다↔벗다: とる
マフラをまく, する	머플러를 두르다↔풀다: とる
ボタンをかける	단추를 잠그다↔풀다: はずす
ブローチをつける, する	브로치를 달다↔떼다: とる
バッチをつける, する	뱃지를 달다↔떼다: とる
イヤリングをつける	귀걸이를 하다↔떼다: とる
ピンをつける	핀을 꽂다↔빼다: とる
チャックをしめる	지퍼를 잠그다↔내리다: おろす
マスクをかける, する	마스크를 하다↔벗다: とる

우편

切手を貼る	우표를 붙이다
重さを計る	무게를 달다
電報を打つ	전보를 치다
箱に入れる	상자에 넣다

紐で結ぶ	끈으로 묶다
郵便箱に入れる	우편함에 넣다
紙で包む	종이로 포장하다
一週間で届く	일주일에 도착하다
手紙を送る, 出す	편지를 부치다

부탁을 받을 때

何でしょうか。	무슨 일이죠?
何か問題でも?	무슨 문제라도?
どうしたんですか。	어떻게 된 겁니까?
わけないよ。	문제없어.
大丈夫だよ。	괜찮아.
了解!	알았어!
どうぞご自由に。	부디 마음대로.
喜んで助けるよ。	기꺼이 도울 게.
かしこまりました。	알겠습니다.
おっしゃるとおりにします。	말씀하신 대로 하겠어요.
何でもするよ。	무엇이든 할 게.
考えさせてください。	생각 좀 하겠습니다.
考える時間をください。	생각할 시간을 주세요.
考えておきます。	생각해 보겠어요.
一晩考えさせてください。	하룻밤 생각하게 해 주세요.
ちょっと考えさせてください。	좀 생각하겠습니다.
検討してみます。	검토해 보겠습니다.

희망

明日は晴れてほしいですね。	내일은 맑아 주었으면(맑았으면) 합니다.

今日は早く帰ってほしいんですけど。　　　오늘은 빨리 돌아와 주었으면 합니다만.
　　　　　　　　　　　　　　　　　　　　(돌아와 주기를 바랍니다만)
あまり期待しないでほしいです。　　　　　그다지 기대하지 말기를 바랍니다.
このことは他人に言わないでほしいです。　이것은 타인에게 말하지 않기를 바랍니다.
彼は何よりも口がうまいです。　　　　　　그는 무엇보다도 말을 잘 합니다.
あまり無理しないで。　　　　　　　　　　너무 무리하지 말기를.(않기 바래)

제12과 나는 어머니에 의해 아침 일찍 깨워졌습니다　135

문법정리

변화 표현

「~になる」는 「~이 되다」의 표현으로 주로 상태의 변화를 나타낼 때 사용된다.

1. 「명사 + になる」
   - 가. 彼は先生になりました。 그는 선생님이 되었습니다.
2. 「형용동사 + になる」
   - 가. 掃除をしたら部屋が本当にきれいになりました。
     청소를 하니까 방이 정말로 깨끗해 졌습니다.
3. 「형용사 + くなる」
   - 가. 速くなる。 빠르게 되다.(빨라지다)
4. 「동사 기본형 + ようになる」
   - 가. 買うようになる。 사게(사도록) 되다.

친한 사람과 이야기할 때 편한 말투의 특징(축약형)

1. 친한 사람과 이야기할 때 축약형이라는 짧은 형태를 많이 쓴다.

가.	~ている → ~てる(~てます, ~てない, ~てた)	~하고 있다
나.	~ていく → ~てく	~해 가다
다.	~ていた → ~てた	~하고 있었다
라.	~ておく → ~とく	~해 두다
마.	~ておいた → ~といた	~해 두었다
바.	~ておきました → ~ときました	~해 두었습니다
사.	~てしまう → ~じゃう, ちゃう	~해 버리다
아.	~てしまう → ~ちまう 食べちまう。	~해 버리다 먹어버린다.
자.	~てしまいました → ~ちゃいました 行っちゃいました。	~해 버렸습니다 가버렸습니다.

차.	~ては(では)いけない → ~ちゃ(じゃ)いけない	~해서는 안 된다
카.	~なければならない → ~なきゃならない	~해야 한다
타.	~すみません → ~すいません	미안합니다
하.	원형 + そうだ → って	

新村で結婚するんだって。　　　　신촌에서 결혼한다면서.

あなた → あんた　　　　　　　　당신

ㄱ) わたし → あたし　　　　　　　저

ㄴ) 分からないこと → 分からんこと　알지 못하는 것

ㄷ) ~ているんでしょう → ~てんでしょ　~하고 있는 거겠지

ㄹ) 명사 + ~と言ったら → ったら　　~하고 한다면

　　車ったら小さいのが一番です。　　차라고 하면 작은 것이 최고입니다.

ㅁ) ~なくては → ~なくっちゃ　　　~않고서는

ㅂ) ~ので → ~んで　　　　　　　~이어서
　　行くんで　　　　　　　　　　가므로, 가니까

ㅅ) もの → もん　　　　　　　　~것
　　子供だもん。　　　　　　　　아이인걸.

ㅇ) 원형 + ~ためには → ~には　　~기에는

ㅈ) 見られる → 見れる

ㅊ) これは → こりゃ

ㅋ) いらっしゃい → らっしゃい

ㅌ) それは → そら

ㅍ) やはり → やっぱ

ㅎ) いけない → いかん

2. 단어 역시 문장 스타일에 맞춰서 알맞은 것을 사용한다.

　가. しかし, だが(격식) → だけど, けど(편하게 쓰는 단어)

　나. が, けれども(격식) → けど(편하게)

　다. けれども(격식) → でも(편하게)

- 라. たいへん, 非(ひ)常(じょう)に(격식) → すごく, とっても(편하게)
- 마. あまり(격식) → あんまり
- 바. こちら, そちら, あちら, どちら(격식) → こっち, そっち, あっち, どっち(편하게)
- 사. それは~からです(격식) → だって~もん(편하게)

3. 조사나 문자의 끝말을 생략

- 가. 「は, が, を, か」등의 조사나「~ください, ~ですか」등 문장의 끝말은 자주 생략된다.
  - ㄱ) この言(こと)葉(ば)の意(い)味(み)を教(おし)えてください。 → この言(こと)葉(ば)の意(い)味(み)、教(おし)えて。
    이 말 의미를 가르쳐 줘.
  - ㄴ) あれは何(なん)ですか。 → あれ、何(なに)? 저것 무어?
  - ㄷ) どこへ行(い)くのですか。 → どこ、行(い)くの。 어디 가?
  - ㄹ) 車(くるま)の運(うん)転(てん)ができますか。 → 車(くるま)の運(うん)転(てん)、できる? 차 운전 할 수 있어?

문화

● 상사와 동료의 타입

　직장에서는 일반적으로 자기보다 높은 지위에 있는 사람은 다 上司에 해당된다. 그 중에서 자기가 소속한 부처의 상사는 「直接上司」라고 하고, 상사 가운데 근속 연수가 긴 사람은 「古参」「古顔」「古株」라고 한다. 좋은 상사란 고객을 소중히 여기고 회사의 발전에 노력하고 부하를 키우는 사람이다. 반대로 나쁜 상사란 고객을 소홀히 다루고 근무에 대한 의욕이 없고, 부하에게 업무나 책임을 미루고, 부하의 업적을 독차지하는 사람이다. 한편 자기와 같은 직위를 사람을 同僚라고 한다. 「同役」「同輩」라고도 한다. 같은 연도에 회사에 입사한 사람을 同期라고 한다.

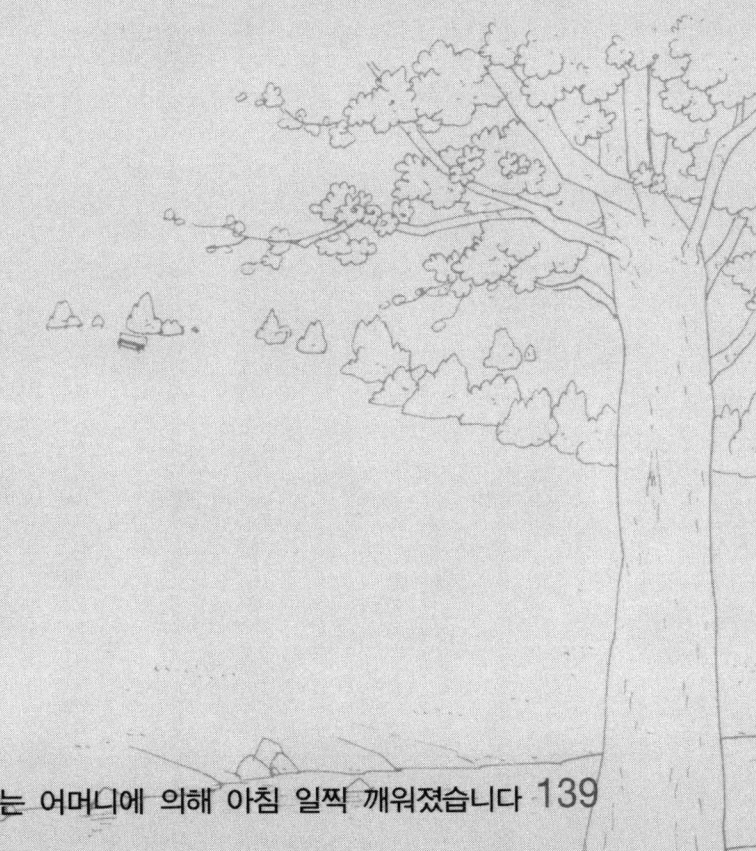

연습문제

다음 문장을 밑줄 친 부분에 유의하면서 日訳해 보자.

1. 어머니<u>가</u> <u>입원하셔서</u> 저는 무척 난감합니다.

    ⇨

2. 갑자기 비가 내리<u>기 시작했다</u>.

    ⇨

3. 여기에 올 <u>리가 없습니다</u>.

    ⇨

4. 그 답은 바로 알 수 <u>있을 것입니다</u>.

    ⇨

제13과 선생님은 지금 영어를 가르치십니다.

お~になる, お~です, ~でございます, お~ですか, お~ください, お~くださいませんか, いらっしゃる, くださる, なさる, 召す, おっしゃる, ご存じだ, 亡くなる, ご覧になる, お出でになる, ~ておる, お~する, おる, まいる, 申す, 拝見する, いただく, いたす, 存じる, お目にかかる, お目にかける

기본문형

1 お~になる　　　　　　　　　　　　　~하시다(존경)
　先生は今英語をお教えになります。
　　　　　　　　　　　　　　　　　선생님은 지금 영어를 가르치십니다.

2 お~です, ~でございます　　　　　　~입니다(존경, 정중한 표현)
　お帰りですか。　　　　　　　　　　돌아가십니까?
　今日は定休日でございます。　　　　오늘은 정기 휴일입니다.

3 お~ですか　　　　　　　　　　　　~이십니까?(존경)
　どちらにお住まいですか。　　　　　어디에 사십니까?

4 お~ください　　　　　　　　　　　~해 주세요(존경)
　先輩がレポートをお書きくださいました。
　　　　　　　　　　　　　　　　　선배님이 리포트를 써 주셨습니다.

5 お~くださいませんか　　　　　　　~해 주시지 않겠습니까?(완곡한 명령, 요구)
　ちょっとお待ちくださいませんか。　잠깐 기다려 주시지 않겠습니까?

6 いらっしゃる　　　　　　　　　　　(いる, 来る, 行く의 존경어)
　先生はお宅にいらっしゃいます。　　선생님은 댁에 계십니다.

7 くださる　　　　　　　　　　　　　(くれる의 존경어)
　教えてくださった通りにやります。　가르쳐 주신 대로 하겠습니다.

8 なさる　　　　　　　　　　　　　　(する의 존경어)
健康のために少し運動をなさった方がいいです。
　　　　　　　　　　　　　건강을 위해 운동을 좀 하시는 것이 좋습니다.

9 召す　　　　　　　　　　　　　　(食べる, 飲む, 着る의 존경어)
今日お召しのコートはとてもすてきです。
　　　　　　　　　　　　　오늘 입으신 코트 너무 멋있으세요.

10 おっしゃる　　　　　　　　　　　(言う의 존경어)
まさしくおっしゃる通りです。　　정말 말씀하시는 그대로입니다.

11 ご存じだ　　　　　　　　　　　　(知っている의 존경어)
ご存じの通り、これは新しいモデルです。
　　　　　　　　　　　　　아시는 바와 같이 이것은 새로운 모델입니다.

12 亡くなる　　　　　　　　　　　　(死ぬ의 존경어)
亡くなった人のことをいつまでも考えるのはよくないです。
　　　　　　　돌아가신 분을 언제까지나 생각하는 것은 좋지 않습니다.

13 ご覧になる　　　　　　　　　　　(見る의 존경어)
作品をゆっくりご覧ください。　　작품을 천천히 보십시오.

14 お出でになる　　　　　　　　　　(行く, 来る의 존경어)
お出でになった方の数を数えてください。
　　　　　　　　　　　　　출석하신 분의 수를 헤아려 주세요.

15 ~ておる(いらっしゃる)　　　　　~하고 있다(계시다)(겸양, 괄호 안은 존경)
ここでお待ちしております。　　여기에서 기다리고 있겠습니다.
外国語を勉強していらっしゃいますか。
　　　　　　　　　　　　　외국어를 공부하고 계십니까?

16 お~する　　　　　　　　　　　　~하다, ~해 드리다(겸양)
品物はすぐお届けいたします。　　물건은 곧 보내드리겠습니다.

17 おる　　　　　　　　　　　　　　　(いる의 겸양어)
またお会いできることを期待しております。
　　　　　　　　　　　　　　또 만날 수 있기를 기대하고 있겠습니다.

18 参る　　　　　　　　　　　　　　　(行く, 来る의 겸양어)
今すぐそちらへ参ります。　　　지금 곧 그쪽으로 가겠습니다.

19 申す　　　　　　　　　　　　　　　(言う의 겸양어)
いまからご説明申し上げます。　지금부터 설명해 드리겠습니다.

20 拝見する　　　　　　　　　　　　 (見る, 読む의 겸양어)
その詩を拝見して感銘を受けました。
　　　　　　　　　　　　　　그 시를 읽고 감명을 받았습니다.

21 伺う　　　　　　　　　　　　　　　(聞く, 訪れる의 겸양어)
三時にお伺いしてもよろしいですか。
　　　　　　　　　　　　　　3시에 방문해도 좋습니까?

22 いただく　　　　　　　　　　　　　(もらう, 食べる, 飲む의 겸양어)
使い方を教えていただけますか。　사용법을 가르쳐 주시겠습니까?

23 いたす　　　　　　　　　　　　　　(する, 行う의 겸양어)
それはご遠慮いたします。　　　그것은 사양하겠습니다.

24 存じる　　　　　　　　　　　　　　(知る의 겸양어)
その件に関しては何も存じません。　그 건에 관해서는 아무것도 모릅니다.

25 お目にかかる　　　　　　　　　　　(会う의 겸양어)
ぜひ一度お目にかかりたいです。　꼭 한번 뵙고 싶습니다.

26 お目にかける　　　　　　　　　　　(見せる의 겸양어)
先生にお目にかけたい人がいます。　선생님께 만나 뵙게 하고 싶은 사람이 있습니다.

보충어휘

집 구조

ドア 문	玄関 현관	部屋 방	台所 부엌
風呂 욕실	トイレ 화장실	お手洗い 화장실	洗面所 세면장
シャワー 샤워	廊下 복도	和室 일식 방	洋室 양실
リビングルーム 거실	庭 마당	ベランダ 베란다	

날씨

天気 날씨	晴れ 맑음	雨 비	雪 눈
曇り 흐림	風 바람	天気予報 일기예보	天気図 일기도, 기상도
雷 번개	梅雨 장마	虹 무지개	

모양

形 형태	格好 모양	姿 모습	様子 모양, 모습

형용동사

楽だ 편안하다, 쉽다
退屈だ 지루하다
まじめだ 성실하다, 진지하다
不思議だ 이상하다
朗らかだ 명랑하다
頑固だ 완고하다, 고집이 세다
穏やかだ 평온하다

迷惑だ 귀찮게 하다, 폐를 끼치다
素敵だ 멋지다, 근사하다
賑やかだ 번화하다, 떠들썩하다
豊かだ 풍족하다, 풍부하다
ブスだ 못 생기다
微妙だ 미묘하다

문형활용

방문

今週の土曜日、家で食事でもしませんか。
　　　　　　　　　　　　　　　　　　　이번 주 토요일에 우리 집에서 식사라도 하지 않겠어요?

ぜひ来てください。　　　　　　　　　　꼭 참석해 주세요.
ご招待してくれて、ありがとうございます。　초대해 주셔서 감사합니다.
楽しみにしています。　　　　　　　　　기대하고 있습니다.
行きたいけど、暇がないんです。　　　　가고 싶지만 시간이 없어요.
木村さんのお宅はこちらでしょうか。　　기무라 씨 댁이 맞습니까(은 이쪽입니까?)
吉田さんはご在宅ですか。　　　　　　　요시다 씨는 댁에 계십니까?
どちらさまでしょうか。　　　　　　　　누구십니까?
金です。山崎さんにお目にかかりたいんですが。
　　　　　　　　　　　　　　　　　　　김입니다. 야마자키 씨를 뵙고 싶습니다만.
木村さんと三時に約束してありますが。　기무라 씨와 3시에 약속을 했는데요.
道はすぐわかりましたか。　　　　　　　길은 금방 알았습니까?
ちょっと来るのが早すぎましたか。　　　좀 일찍 왔습니까.
これをどうぞ。　　　　　　　　　　　　이걸 받으세요.
そんなことなさらなくてもよかったのに。ありがとう。
　　　　　　　　　　　　　　　　　　　이런 거 가지고 오시지 않아도 되는데. 고마워요.
こちらへどうぞ。　　　　　　　　　　　이쪽으로 오십시오.
ようこそいらっしゃいました。　　　　　잘 오셨습니다.
こちらへおかけください。　　　　　　　이쪽으로 앉으세요.
どうぞ、お座りください。　　　　　　　자 편히 앉으세요.
どうぞくつろいでください。　　　　　　자 편히 하십시오.
どうぞ私のことはおかまいなく。　　　　자 저는 괘념치 마시고.
明るいすてきなお住まいですね。　　　　밝고 멋진 집이군요.

제13과 선생님은 지금 영어를 가르치십니다

コーヒーはいかがですか。	커피를 드시겠습니까?
どうぞご自由に召し上がってください。	자 마음껏 드십시오.
そろそろおいとまします。	슬슬 일어나겠습니다.
私の方にもぜひ来てください。	저희 집에도 꼭 오십시오.
行かなくちゃならないので…。	가야겠어요….
そろそろ失礼しなくては。	이제 실례해야겠어.
もう時間がおそいですから。	너무 시간이 늦어서요.
残念ですが、これ以上お邪魔していられません。	아쉽지만 더 이상 폐를 끼치고 있을 수 없습니다.
それじゃ、お引き留めはいたしません。	그럼 만류는 하지 않겠습니다.
とても楽しかった。本当にありがとう。	무척 즐거웠어. 정말로 고마워.
本当に楽しくお話しできました。	정말로 말씀 즐거웠습니다.
本日は会えて嬉しかったです。	오늘은 만나서 즐거웠습니다.
夕食をごちそうさまでした。	저녁을 잘 먹었습니다.
ご招待ありがとう。すっかり楽しんでしまいました。	초대해 줘서 고마워요. 정말 즐거웠습니다.
来ていただいて、こちらこそ楽しかったです。	와 주셔서 저야말로 즐거웠습니다.
いつでもまた来てください。	언제든지 또 오십시오.
では、気をつけて。	그럼 조심해서 가세요.
もうちょっといいじゃないですか。	좀더 계시다 가세요.
また来てくださいね。	또 오세요.
お家のみなさんにもよろしくお伝えください。	댁의 여러분들에게도 안부전해 주세요.

문법정리

가정·조건(접속 형태)

우리말의 「~면」으로 해석되는 가정, 조건의 표현에는 「~と, ~ば, ~たら, ~なら」가 있다.

1. 종지형 「~と」

    가. 「명사, 형용동사 ~だと」
    入場料は学生だと二千円です。 입장료는 학생이면 이천 엔입니다.

    나. 「형용사 ~いと」
    寒いと学校へ行かない。 추우면 학교에 가지 않는다.

    다. 「동사 ~ると」
    春になると花が咲く。 봄이 되면 꽃이 핍니다.

2. 어미 활용 「ば」

    가. 명사, 형용동사 「(사전형)なら(ば)」
    花見ならヨイドですよ。 꽃구경이라면 요이드이지요.

    나. 형용사 「(어간)ければ」
    寒ければ行かなくてもいいです。 추우면 가지 않아도 됩니다.

    다. 동사 「(え단)ば」
    東京に行けば金先生に会える。 동경에 가면 김 선생님을 만날 수 있다.

3. 과거형 「た → たら」

    가. 명사, 형용동사 「(과거형 だった)ら」
    先生だったらできたでしょう。 선생님이었다면 가능했겠지요.

    나. 형용사 「(과거형 かった)ら」
    汚かったら掃除しなさい。 더러우면 청소하세요.

    다. 동사 「(과거형 た)ら」
    東京に行ったらすしを食べてみてください。 동경에 가면 초밥을 먹어 보십시오.

4. (기본형)「なら」

  가. 명사, 형용동사「(사전형)なら」
  学生なら当たり前でしょう。학생이라면 당연하겠지요.

  나. 형용사「(기본형~い)なら」
  寒いならよしてもいいよ。춥다면 그만두어도 좋아요.

  다. 동사「(기본형)なら」
  パソコンを買うなら秋葉原へ行ったほうがいいですよ。
  컴퓨터를 산다면 아키하바라에 가는 편이 좋습니다.

문화

● 일본 길거리 간판에서 자주 보는 말

1. 「~放題(ほうだい)」: 하고 싶은 만큼 할 수 있다는 뜻이다.
   가. 食(た)べ放題(ほうだい): 일정 음식값만 내고 들어가면 마음껏 먹을 수 있는 곳이다. 보통 정식(ランチ)은 1000엔, 저녁(夕食(ゆうしょく))에는 2000엔 정도 내고 들어가서 고기(샤브샤브나 야키니쿠), 채소, 초밥, 각종 반찬, 과일 등 마음껏 먹는 고기뷔페식 간판에 많다.
   나. 歌(うた)い放題(ほうだい): 노래방 같은 곳에서 주로 오전시간부터 저녁 붐비는 시간 이전까지 1000엔 정도 내고 들어가면 마음껏 부를 수 있는 곳이다.
2. 激安(げきやす): 아주 싸다는 뜻이다. 초염가.
3. 「~枚(まい)よりどり~円(えん)」: 뭐든지 골라서 ~개에 얼마. 가령 「三枚(さんまい)よりどり千円(せんえん)」이면 「뭐든지 골라 3개에 1000엔」이라는 뜻이다.
4. 売(う)り切(き)れごめん: 다 팔려 더 이상 재고가 없다는 뜻이다. 「売れてしまったらごめん」을 줄인 말이다.

연습문제

다음 문장을 밑줄 친 부분에 유의하면서 日訳해 보자.

1. 이 종이에 주소와 성함을 <u>적어 주세요</u>.

    ⇨

2. 이 상품은 예쁜 종이로 <u>포장해 드리겠습니다</u>.

    ⇨

3. 부장님은 지금 전화를 <u>받고 있으</u>므로 잠시 기다려 주세요.

    ⇨

4. 사장님은 회의실에 <u>계십니다</u>.

    ⇨

제14과 어린이라 해도 가볍게 봐서는 안 된다.

~といえども, ~といえば, ~とはいえ, ~とはいっても, ~とはいうものの, ~おかげで, ~せいで, ~せいか, ~くせに, ~과거+あげく, ~과거+以上は, ~上は, ~抜き(にして)で, ~の下で, ~の下に, ~をもとにして, ~したら(=すれば), ~ながら, ~ながらに, ~ながらも, ~(より)ほか~ない, ~にほかならない, ~に決っている, ~にすぎない

기본문형

1. **~といえども** ~라고 해도
   子供といえども軽く見てはいけない。   어린이라 해도 가볍게 봐서는 안 된다.

2. **~といえば** ~라고 하면
   1945年といえば、日本が敗戦した年ですね。
   　　　　　　　　　　　　　1945년이라 하면 일본이 패전한 해이군요.

3. **~とはいえ** ~이라고 하나
   駅から近いとはいえ、歩けば二十分はかかります。
   　　　　　　　　　　　역으로부터 가깝다고는 하나 걸으면 20분은 걸립니다.

4. **~とはいっても** ~이라고 해도
   日本は島国だとはいっても、韓国より広いです。
   　　　　　　　　　　　일본은 섬나라라고는 해도 한국보다 넓습니다.

5. **~とはいうものの** ~라고 하기는 하지만
   三月とはいうものの、北国の春はまだ遠い。
   　　　　　　　　　　　3월이라고는 하지만 북쪽 지방의 봄은 아직 멀다.

6. **~おかげで、~おかげか** ~덕분에, ~덕분인지
   あなたのおかげで元気になりました。
   　　　　　　　　　　　당신 덕분에 건강하게 되었습니다.

7. **~せいで、~せいか** ~탓으로, ~탓인지

熱があるせいか、頭がふらふらします。

열이 있는 탓인지 머리가 어질어질 합니다.

8 ~くせに   ~주제에, ~임에도 불구하고
子供のくせに運転をする。
아이임에도 불구하고 운전을 한다.

9 ~과거 + あげく   ~한 끝에(결국)
父と話したあげく旅行に決めた。 아버지와 이야기한 끝에 여행하기로 결정했다.

10 ~과거 + 以上は   ~한 이상은
約束した以上は、必ず守ってください。

약속한 이상 반드시 지켜주세요.

11 ~上は   ~상, ~위는
書類上は何の問題もありません。 서류상으로는 아무 문제가 없습니다.

12 ~抜き(にして)で   ~없이, ~빼고서
朝食抜きで会社へ行く。 아침식사 먹지 않고 회사에 가다.

13 ~の下で   ~의 밑에서, ~슬하에서, ~곁에서
有名な先生の下で勉強する。 유명한 선생님 밑에서 공부한다.

14 ~の下に   ~밑에
勇将の下に弱卒なし。 용장 밑에 약한 장수 없다.

15 ~をもとにして   ~을 근거로 하여
かびをもとにして作られた薬は多くある。

곰팡이를 근거로 하여 만들어진 약은 많이 있다.

16 ~にしたら(=にすれば)   ~의 입장에서는(당연), ~이라면
学生にすれば休みは長ければ長いほどいい。

학생의 입장에서는 휴일이 길면 길수록 좋다.

17 ~としたら(=すれば)　　　　　　~으로 한다면(가정)
留学するとしたら日本が一番です。
　　　　　　　　　　　　　유학이라 한다면 일본이 가장 좋습니다.

18 ~ながら　　　　　　　　　　　~하면서
食べながら話さないでください。　먹으면서 말하지 마십시오.

19 ~ながらに　　　　　　　　　　~인 채로
涙ながらに物語る。　　　　　　　눈물을 흘리는 채로 이야기하다.

20 ~ながらも　　　　　　　　　　~면서도, ~하지만
皮肉を言われながらも、よく働いた。
　　　　　　　　　　　　　비꼼을 당하면서도 열심히 일했다.
狭いながらも楽しい我が家。　　　좁기는 하지만 즐거운 우리 집.

21 ~(より)ほか~ない　　　　　　~밖에 ~할 수 없다
どう答えていいのかわからず、笑ってごまかすよりほか仕方がなかった。
　　　　　어떻게 대답해야 좋을지 모르고 웃어 슬쩍 넘어가는 수밖에 없었다.

22 ~にほかならない　　　　　　　바로 ~이다, ~다름 아닌
言葉は意思伝達の手段にほかならない。
　　　　　　　　　　　　　말은 바로 의사 전달의 수단인 것이다.

23 ~に決っている　　　　　　　　~임에 틀림없다, ~에로 결정되어 있다
あの選手なら優勝するに決っているよ。
　　　　　　　　　　　　　저 선수라면 우승할 것임에 틀림없어요.

24 ~にすぎない　　　　　　　　　~에 불과하다, ~에 지나지 않다
このぐらいは氷山の一角にすぎない。
　　　　　　　　　　　　　이 정도는 빙산의 일각에 불과하다.

보충어휘

동사

喋る 수다 떨다, 잡담하다	呼ぶ 부르다	消す 지우다
動く 움직이다	押す 누르다	引く 끌다, 당기다
踏む 밟다	つける 붙이다, 켜다	消す 끄다, 지우다
貼る 붙이다, 펴다	取る 떼다, 취하다	切る 자르다, 끊다
折る 꺾다, 접다	割る 깨다	壊す 부수다
汚す 더럽히다	開ける 열다	閉める 닫다
閉じる 닫다, 덮다	聞こえる 들리다	止める 세우다, 정거하다
とまる 멈추다	辞める 그만두다, 사직하다	諦める 포기하다, 체념하다
続ける 계속하다	晴れる 개다, 맑다	曇る 흐리다
降る (비)내리다	吹く (바람)불다	冷える 차가워지다
喜ぶ 기뻐하다	怒る 화내다	悲しむ 슬퍼하다
祝う 축하하다	成る 되다	変わる 바뀌다
落ちる 떨어지다	受かる 붙다, 합격하다	選ぶ 선택하다
抜く 뽑다	決める 정하다, 결정하다	残る 남다
思い出す 떠올리다, 생각나다	覚える 기억하다	戻る 되돌아오다, 되돌아가다
弾く (피아노)치다	吹く (피리)불다	歌う 노래하다
踊る 춤추다	遊ぶ 놀다	喧嘩する 싸움하다
殴る 때리다	叩く 두드리다	
怪我をする 상처를 입다, 다치다	急ぐ 서두르다	開く 열다, 개최하다
やられる 당하다		

형용동사

大事(だいじ)だ 소중하다, 귀하다
本当(ほんとう)だ 진짜다, 정말이다
下手(へた)だ 잘못하다, 서투르다
暇(ひま)だ 한가하다
無事(ぶじ)だ 무사하다
変(へん)だ 이상하다, 희한하다
得意(とくい)だ 잘 하다, 자신 있다
勝手(かって)だ 제멋대로이다
派手(はで)だ 화려하다

嫌(きら)いだ 싫어하다
大丈夫(だいじょうぶ)だ 괜찮다
上手(じょうず)だ 잘하다, 능숙하다
平気(へいき)だ 태평하다, 태평스럽다
大変(たいへん)だ 대단하다
だめだ 안 되다
苦手(にがて)だ 잘못하다, 질색이다
面倒(めんどう)だ 번거롭다, 귀찮다
地味(じみ)だ 수수하다

문형활용

약속

どこで会いましょうか。	어디서 만날까요?
どこが一番都合がいいですか。	어디서 만나는 게 가장 좋을까요?
仕事が終わったら五時に事務所の前であいましょうか。	일이 끝나면 5시에 사무실 앞에서 만날까요?
じゃ、その時にあいましょう。	좋아요. 그럼 그 때 만납시다.
それで好都合です。	그게 좋겠습니다.
いつでもお好きな時にどうぞ。	언제든지 좋으실 때 하십시오.
私はどちらでも都合がいいですよ。あなたは?	저는 어디든지 좋아요. 당신은?
では、その時間にお待ちします。	그럼 그 시간에 기다리겠습니다.
すみませんが、今日は一日中忙しいのです。	미안하지만 오늘은 하루 종일 바쁩니다.
あいにくと約束があります。	아쉽게도 약속이 있습니다.
昼はお客さんが見えるんです。夕方はどうですか。	낮에는 손님이 옵니다. 저녁은 어떨까요?
今日はまずいけど、あしたはどうです?	오늘은 좀 그런데, 내일은 어때요?
別の日にしていただけないでしょうか。	다른 날로 해 주실 수 없을까요?

문법정리

■ 부탁・지시・명령

　정중한 부탁을 하는 경우에는 상대의 의향을 존중한다. 「~なさい」뿐만 아니라「~てください」에도「~해 주세요, ~하세요」라는 지시의 성격이 있다. 명령형은 강한 지시 외에 신호, 규칙, 훈련용어 등으로도 많이 쓰인다.

1. 부탁
   - 가. 読んでいただけませんか。読んでもらえませんか。읽어 주실 수 없겠습니까.
   - 나. 読んでくださいませんか。読んでくれませんか。읽어 주시지 않겠습니까.
   - 다. 読んでもらえる。읽어 줄 수 있어?
   - 라. 読んでくれない。읽어 주지 않을래?
2. 지시
   - 가. お読みください。読んでください。읽어 주세요.
   - 나. 読んでくれ。読んで。읽어 줘!
   - 다. 読みなさい。읽어라. 읽으세요.
3. 부정 지시
   - 가. 読まないでください。읽지 마시오. 읽지 마세요.
   - 나. 読まないで。읽지 마세요. 읽지 마.
4. 명령
   - 가. 読め。읽어.
   - 나. 読むな。읽지 마!

제14과 어린이라 해도 가볍게 봐서는 안 된다

▌ 동사의 명령형 만드는 법

1. 5단동사 어미를 「え단」으로 함.
   - 가. 読む → 読め。　　　읽어라.
   - 나. 書く → 書け。　　　써라.

2. 1단동사 「る」를 탈락시키고 「ろ 또는 よ」를 붙임.
   - 가. 起きる → 起きよ。　일어나라.
   - 나. 食べる → 食べよ。　먹어라.

3. 변격동사
   - 가. する → しろ, せよ。　해라.
   - 나. くる → 来い。　　　와라.

4. 강한 금지를 표현하는 법 「(동사의 원형 + る)」
   - 가. 読むな。　　　　　읽지 마라.
   - 나. 食べるな。　　　　먹지 마라.
   - 다. するな。　　　　　하지 마라.

다음 문장을 밑줄 친 부분에 유의하면서 日譯해 보자.

1. 이번 시험이 쉽다고는 하나 나한테는 반드시 그렇지도 않았다.

   ⇨

2. 어린이 주제에 담배를 핀다.

   ⇨

3. 부모님과 상의한 끝에 대학진학을 포기하기로 했다.

   ⇨

4. 음악을 들으면서 공부하지 마세요.

   ⇨

MEMO NOTE

 ## 제15과 그렇다면 울 것이다.

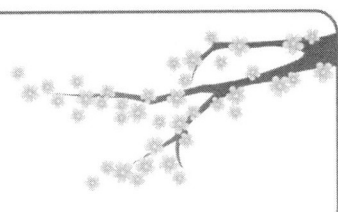

~わけだ, ~わけは(が)ない, ~わけではない, ~わけにはいかない, ~をきっかけに, ~つづける, ~つつある, ~つつも, ~まい, ~うが~まいがと, ~연용형+かねる, ~연용형+かねない, ~難い, ~難くない, ~にはあたらない, ~には及ばない, ~にとどまらず, ~もかまわず, ~명사+ばかり, ~ばかりに, 부정(ん)ぬ+ばかりに, ~(と)+ばかりに, ~ばかりか~も, ~ばかりだ

기본문형

1 ~わけだ　　　　　　　　　　　　　　~인 것이다(당연)
　それなら泣くわけだ。　　　　　　그렇다면 울 것이다.

2 ~わけは(が)ない　　　　　　　　　~일 리가 없다
　まずいりんごで売れるわけがない。　맛없는 사과로서는 팔릴 리가 없다.

3 ~わけではない　　　　　　　　　　~라는 것은 아니다
　生活に困っているわけではないが。
　　　　　　　　　　　　　　　　생활에 곤란해 있는 것은 아닙니다만.

4 ~わけにはいかない　　　　　　　　~할 수는 없다(의무)
　命令なので従わないわけにはいかない。
　　　　　　　　　　　　　　　　명령이기 때문에 따르지 않을 수 없다.

5 ~をきっかけに(=~をきっかけとして, ~を契機として, ~を機に)　~을 계기로
　この旅をきっかけに生活の活力を取り戻した。
　　　　　　　　　　　　　　　　이 여행을 계기로 생활 활력을 되찾았다.

6 ~つづける　　　　　　　　　　　　계속 ~하다
　小さい字を書き続けて、手がつかれました。
　　　　　　　　　　　　　　　　작은 글자를 계속 썼더니 손이 피로해졌습니다.

7 ~つつある　　　　　　　　　　　　계속 ~하다

ご飯を食べつつある。　　　　　　　　밥을 계속 먹고 있다.

8 ~つつも(=ながら)　　　　　　　　~하면서도

タバコは悪いと知りつつも吸った。　　담배는 나쁘다고 알면서도 피웠다.

9 ~まい　　　　　　　　~하지 않겠다(부정 의지), ~하지 않을 것이다(부정 추측)

二度と行くまい。　　　　　　　　　　두 번 다시 가지 않겠다.

彼女は来るまい。　　　　　　　　　　그녀는 오지 않을 것이다.

10 ~うが~まいがと　　　　　　　　~하든 ~하지 않든

あなたが海外旅行に行こうが行くまいが私には関係ない。
　　　　　　　　　　당신이 해외여행에 가든 가지 않든 나하고는 관계없다.

11 ~연용형 + かねる　　　　　　　　~하기 어렵다

ちょっと私ではわかりかねます。　　　조금 저로서는 알기 어렵습니다.

12 ~연용형 + かねない　　　　　　　~할 듯 하다, ~할지도 모른다, ~않는다고 말할 수 없다.

会社の命令に背こうものなら、首にされかねない。
　　　　　　　　　　회사의 명령에 배반한다면 해고될지도 모른다.

13 ~難い　　　　　　　　　　　　　~하기 어렵다

動かし難い。　　　　　　　　　　　　움직이기 어렵다.

14 ~難くない　　　　　　　　　　　~에 어렵지 않다

これなら言葉では表し難くない。　　　이것이라면 말로써 나타내기 어렵지 않다.

15 ~にはあたらない　　　　　　　　~할 것까지는 없다

驚くにはあたらない。　　　　　　　　놀랄 것까지는 없다.

16 ~には及ばない　　　　　　　　　~할 것까지는 없다

謝るには及ばない。　　　　　　　　　사과할 것까지는 없다.

17 ~にとどまらず　　　　　　　　　~에 그치지 않고

その話にとどまらず次へと話し続けた。

　　　　　그 이야기에 그치지 않고 다음에로 이야기가 계속되었다.

18 ~もかまわず　　　　　　　　~도 아랑곳하지 않고

父もかまわずタバコを吸う。　　　아버지도 아랑곳하지 않고 담배를 피운다.

19 ~명사 + ばかり　　　　　　　~만, ~뿐

テレビばかり見ています。　　　　텔레비전만 보고 있습니다.

20 ~ばかりに　　　　　　　　　~해서, ~한 탓으로

学歴がないばかりに会社から不合理を被った。

　　　　학력이 낮아서(없는 탓으로) 회사로부터 불합리 처분을 입었다.

21 부정(ん)ぬ + ばかりに　　　　금방 ~할 듯이

今にも泣かんばかりの顔をしている。

　　　　　금방이라도 울음을 터트릴 듯한 얼굴을 하고 있다.

22 ~(と) + ばかりに(=まるで~であるかのように)　~하는 듯이, ~탓

居眠りしたばかりに退社させられた。

　　　　　　　　　졸은 탓으로 퇴사당했다.

23 ~ばかりか~も/まで(=ばかりでなく)　~뿐만 아니라 ~도

風ばかりか雨まで降ってきた。　　바람뿐만 아니라 비까지 내렸다.

24 ~ばかりだ　　　　　　　　계속~일 뿐이다

最近失業者の数は増えるばかりだ。

　　　　　　최근 실업자 수가 계속 늘어날 뿐이다.

제15과 그렇다면 울 것이다

보충어휘

식사

朝ご飯 아침 밥(식사)	昼ごはん 점심 밥(식사)	晩ごはん 저녁 식사
ご飯 밥	おかず 반찬	弁当 도시락
おやつ 오후 간식(3시에 먹음)	間食 간식	夜食 야식
食べ物 음식물	出前 배달	お持ち帰り 포장, 테이크 아웃
和食 일식 요리	洋食 양식 요리	中華 중화 요리

양념

醬油 간장	酢 식초	味噌 된장	胡麻油 참기름
大蒜 마늘	玉葱 양파	葱 파	もやし 콩나물(숙주나물)
辛子 겨자	胡椒 후추	山葵 산규, 와사비	生姜 생강

신체기관

指 손가락	爪 손톱, 발톱	尻 엉덩이	膝 무릎
脹ら脛 장딴지	太股 넓적다리	踵 발뒤꿈치	胃 위
心臓 심장	肝臓 간장	肺 폐, 허파	消化器官 소화기관
呼吸 호흡	腸 장	骨 뼈	血 피
息 숨	毛 털	皮膚 피부	肌 피부, 살갗
筋肉 근육	力 힘	神経 신경	細胞 세포
血液 혈액	関節 관절	精神 정신	感情 감정
良心 양심	健康 건강	身長 신장, 키	体重 체중
視力 시력	涙 눈물	汗 땀	熱 열
鼻水 콧물	痰 담, 가래	唾 침	

맛

甘(あま)い 달다	辛(から)い 맵다	塩辛(しおから)い 짜다	しょっぱい 짜다
すっぱい 시다	にがい 쓰다	渋(しぶ)い 떫다	冷(つめ)たい 차다
まずい 맛없다	おいしい 맛있다	うまい 맛있다. 능숙하다	
甘酸(あまず)っぱい 새콤하다	芳(こう)ばしい 고소하다		

제15과 그렇다면 울 것이다

문형활용

식사

昼食、一緒にしませんか。	점심 함께 안 할래요?
外で何か簡単に食べましょう。	밖에서 뭐라도 간단히 먹읍시다.
いつか、一緒に食事でもしましょう。	언제 함께 식사라도 합시다.
どこか入って昼飯でも食べましょう。	어디에 들어가 점심이라도 먹읍시다.
この店で寿司でも食べましょう。	이 가게에서 초밥이라도 먹읍시다.
夕食は私がおごりましょう。	저녁은 제가 대접하지요.
今夜は私のおごりです。	오늘 저녁은 제가 내겠습니다.
もう昼食を済ませましたか。	벌써 점심을 마쳤나요?
さあどうぞ、ご自由に食べてください。	자 어서, 마음껏 드세요.
温かいうちに召し上がってください。	따뜻할 때 드십시오.
ちょっと味見してください。	맛 좀 봐요.
たくさん取ってくださいね。	많이 드세요.
お嫌いでしたら、残してもいいんですよ。	싫어하시면 남겨도 됩니다.
肉をもう少しいかがですか。	고기를 좀더 드시겠습니까?
もう少しいかがですか。	좀더 드시겠습니까?
いや結構です。十分いただきました。	아뇨 됐습니다. 많이 먹었습니다.
たっぷりいただきました。	많이 먹었습니다.
お腹がいっぱいです。これ以上一口も食べられません。	배가 부릅니다. 더 이상 한 입도 못 먹겠습니다.
何もかも実においしくいただきました。	전부 정말로 맛있게 먹었습니다.
お料理が上手ですね。	요리를 잘 하시는군요.
作り方を教えていただけますか。	만드는 법을 가르쳐 주시겠어요?
すばらしい夕食でした。	멋진 저녁이었습니다.
本当においしかったです。	정말로 맛있었습니다.

デザートはいかが?	디저트는 어때요?
お腹が空きました。	배가 고팠습니다.
おいしそうですね。	맛있어 보이는군요.
いただきます。	잘 먹겠습니다.
もう少しかがですか。	조금 더 드세요. 조금 더 어떻습니까.
お腹が一杯です。	배가 부릅니다.
お肉が好きですか。	고기를 좋아합니까.
デザートは何にしますか。	디저트는 무엇으로 하겠습니까.
飲み物は何にしますか。	음료수는 무엇으로 하겠습니까.
メニューを見せてください。	메뉴를 보여 주세요.
何になさいますか。	무엇으로 하시겠습니까.(드시겠습니까)
何を召し上がりますか。	무엇을 드시겠습니까.
ご注文はお決まりですか。	주문은 결정하셨습니까.(결정되었습니까)
お勘定をお願いします。	계산을 (할 터니) 부탁합니다.
わたしが奢ります。	제가 한턱내겠습니다.
割り勘にしましょう。	각자 부담하지요.
コーヒーと紅茶がございますが、どちらになさいますか。	커피와 홍차가 있습니다만, 어느 쪽으로 하시겠습니까.
コーヒーのお代わりはいかがでしょうか。	커피를 더 드시겠습니까.
パンをもう少しいかがでございますか。	빵을 좀 더 드시겠습니까.
ビールをください。	맥주를 주세요.
ビールをお願いします。	맥주를 부탁합니다.
少々時間がかかりますが、しばらくお待ちいただけませんでしょうか。	다소 시간이 걸릴 것 같습니다만, 잠시 기다려 주시지 않겠습니까.
本日のお勧めでございます。	오늘 저희들이 권해 드리는 메뉴입니다.
ご用がありましたらお呼びください。	볼일이 있으시면 불러 주세요.
お待たせ致しました。	많이 기다리셨습니다. 많이 기다리게 해서 죄송합니다.

たいへんお待たせして申し訳ございません。	많이 기다리게 해서 죄송합니다.
どうぞ、ごゆっくり召し上がってください。	그럼, 천천히 드십시오.
何か、外にはございませんか。	다른 주문은 없으십니까.
お預りいたします。	요금을 잘 받았습니다.
お下げしてもよろしいでしょうか。	치워도 좋습니까.
こちらのミスでございます。	저희들의 불찰입니다.
またお越しください。	또 오십시오.
現金でお支払いになりますか。	현금으로 지불하시겠습니까.
ご利用いただきましてありがとうございました。	이용해 주셔서 감사합니다.
ただいまお席がございませんが。	지금 자리가 없습니다만.
しばらくお待ちになってくださいますか。	잠시 기다려 주시겠습니까.

문법정리

간접 수동

능동문에서 행위를 받는 대상이 명확하지 않는 동사, 즉 자동사와 같은 경우의 수동은 간접 수동이라 하며, 피해의식을 나타낸다. 수동으로 해석이 어색한 경우에는 행위의 주체를 찾아 주어로 놓고 능동으로 의역한다. 대부분의 주체는 조사「~に」앞에 위치하며, 경우에 따라「~によって, ~から」앞에 위치하기도 한다.

1. 子供が泣いた。 → 子供が泣いてくれた。
   (단순한 서술)   (고마운 감정. 상대가 ~을 해서 나는 고맙다)
   (私は)子供に泣かれた。(짜증나는 감정, 상대가 ~을 해서 내가 피해 입다)

   ※ 子供に泣かれる(아이가 운다), 父に死なれる(아버지를 여의다), 泥棒に入られる(도둑이 들다), 雨に降られる(비를 맞다), 財布をすられる(지갑을 소매치기 당하다), 有能な社員にやめられる(유능한 사원이 그만두다), 人に笑われる(사람들이 비웃다), 金さんに来られる(김 씨가 왔다), 先生に怒られる(선생님에게 혼나다), 人に見られる(사람들이 보다)

문화

● 「食事のマナー」 식사 예법

식사 예의범절은 그 나라 문화, 관습에 따라 다르다. 일본에서는 숟가락이 기본적으로는 없고, 젓가락을 이용하는 문화이다. 따라서 그에 따른 음식문화에 유의할 필요가 있다.

1. 남이 젓가락으로 들어 올린 음식을 자신의 젓가락으로 그것을 직접 받아서는 안 된다.
2. 남의 젓가락과 자신의 젓가락이 동시에 같은 음식을 집어서는 안 된다. 왜냐하면 이것은 화장터에서 화장된 인골을 집어 올릴 때의 방식이기 때문에 사람들이 몹시 꺼리는 방법이다.
3. 젓가락을 밥 위에 꽂아서는 안 된다. 이것은 돌아가신 조상에 대해 음식 공양할 때의 방식이므로 일반적으로 바람직한 것이 못된다.
4. 입에서 뱉어 낸 생선이나 발라낸 고기 뼈 등을 테이블 위에 두어서는 안 된다. 반드시 빈 접시 위에 두도록 해야 한다.
5. 밥그릇이나 국그릇은 들고 먹도록 해야 한다. 밥그릇이나 국그릇을 들고서 먹지 않고, 얼굴을 테이블에 가까이 대고 먹는 것은 「犬食い(동물이 먹는 방식)」의 방식이라 하여 실례가 된다.
6. 일본에서는 양식 등을 먹을 때를 제외하고, 보통 평상시에는 숟가락을 사용하는 법이 없다. 젓가락은 오른쪽에 세로로 놓지 않고, 사람 바로 앞에 가로로 놓는다. 만일 먹을 때 그릇·접시를 들고 먹지 않게 되면 음식이 흐르기 때문에 그러한 것을 방지하기 위해서 일본에서는 식사할 때 꼭 그릇과 앞 접시를 들고 먹는다.
7. 일본에서 같은 접시에 있는 반찬을 먹을 때는 먹던 젓가락을 다시 그대로 쓰면 안 된다. 예의에 어긋난다. 젓가락을 180도로 돌려서 입에 넣지 않았던 쪽으로 해서 반찬은 자기 앞 접시 쪽으로 가져와서는 그 접시를 일단 식탁에 놓고 젓가락을 다시 180도로 되돌린 다음에 먹어야 한다. 자기 침이 묻은 것이 그 반찬 쪽으로 가게 하면 안 된다. 음식은 함께 먹는 것이기 때문에 실례가 된다.

다음 문장을 밑줄 친 부분에 유의하면서 日訳해 보자.

1. 사고가 <u>계속</u> 일어나다.

   ⇨

2. 이 책에는 모르는 것<u>만</u> 가득하다.

   ⇨

3. 만화만 <u>계속</u> 보고 있다.

   ⇨

4. 이번 일<u>을 계기로</u> 많은 것을 느꼈다.

   ⇨

 # 저 사내는 눈매로 봐서 빈틈이 없을 것 같다.

~からすると, ~からいうと, ~から見ると, ~からある, ~からといって, ~から~にかけて, ~からには, ~からに,
~연용형+ぬ, ~の, ~こと, ~もの, ~さ, ~ぞ, ~か, ~な, ~かしら, ~ぜ, ~とも, ~って, ~や, (과거형)っけ

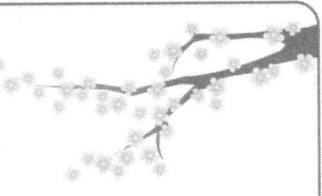

기본문형

1 ~からすると, ~からすれば, ~からして   ~로 판단해 보면, ~로 보면, ~로 봐서
   あの男は目付きからして抜け目がなさそうだ。
                           저 사내는 눈매로 봐서 빈틈이 없을 것 같다.

2 ~からいうと, ~からいえば, ~から言って   ~의 입장에서 보면, ~로 보면, ~로 봐서
   この成績から言うと、一流大学は少し無理かと思う。
                           이 성적으로 보면 일류 대학은 조금 무리라고 생각한다.

3 ~から見ると, ~から見れば, ~から見て   ~로 판단해 보면, ~로 보면, ~로 봐서
   私から見ると信じられない。   나로부터 보면 믿을 수 없다.

4 ~からある(=からの), ~からする   ~이나 되는, ~이나 하는
   この店は人気があって、毎日300人からの客が来るという。
                           이 가게는 인기가 있어서 매일 300명이나 되는 손님이 온다고 한다.
   彼は50キロからするバーベルを軽々と持ち上げた。
                           그는 50킬로미터나 하는 바벨을 가볍게 들어올렸다.

5 ~からといって   ~라고 해서(이유)
   頭がよいからといってえらいわけではない。
                           머리가 좋다고 해서 훌륭한 것은 아니다.

6 ~から~にかけて   ~부터 ~에 걸쳐서(범위)
   きのうから今日にかけて雨が降る。 어제부터 오늘에 걸쳐서 비가 내린다.

7 ~からには
約束したからには必ず守る。

~한 이상, ~한 바에는
약속을 한 이상 반드시 지킨다.

8 ~からに
あの選手は見るからに強そうだ。

~하기만, ~하여도
저 선수는 보기에도 강한 것 같다.

9 ~연용형 + ぬ
春は来ぬ。
風と共に去りぬ。

~도다, ~했다(실현, 완료)
봄은 왔도다.
바람과 함께 사라졌다.

10 ~の
どうするの。
誰にあげたの。

~건데, ~거야(부드러운 단정, 의문)
어떻게 할 건데?
누구한테 주었어?

11 ~こと
まあ、美しいこと。
今日中に仕上げること。

~구나, ~할 것(감탄, 명령)
어머, 예뻐라!
오늘 중으로 마무리할 것.

12 ~もの
私、寂しいんですもの。

~걸요(여성 전용어, 불만표출)
저 쓸쓸한 걸요.

13 ~さ
あれは私の家さ。

~란 말야!(감탄, 강조)
저건 내 집이란 말야.

14 ~ぞ
さあ、行くぞ。

~하자(강조)
자, 가자.

15 ~か
もう見たかい。

~냐, ~니(손아래, 친밀감)
벌써 봤니?

16 ~な
これは食べるな。

~하지마(금지), ~해라(부드러운 명령), ~네(감탄)
이건 먹지 마라.

これ食べな。 　　　　　　　　　　이거 먹어라.
やあ、きれいだなあ。　　　　　　아 예쁜걸!

17 ~かしら　　　　　　　　　　　~일까(불확실성)
　今日も仕事に行くかしら。　　　오늘도 일하러 갈까?

18 ~ぜ　　　　　　　　　　　　　~하네(주의 환기), ~할테다(다짐)
　じゃ後は頼むぜ。　　　　　　　자, 뒤를 부탁하네.
　おれがまずやって見るぜ。　　　내가 먼저 해 볼게.

19 ~とも　　　　　　　　　　　　~이 말고
　ええ、いいとも。　　　　　　　응 좋고말고.

20 ~って　　　　　　　　　　　　~대요.(원형 + そうだ), ~라고, ~말라니까
　仕事を辞めるんだって。　　　　일을 그만둔대.
　ご飯を食べたって聞いた。　　　밥을 먹었다고 들었다.
　何だって。　　　　　　　　　　뭐라고.

21 ~や　　　　　　　　　　　　　~하세, ~야
　はやく行こうや。　　　　　　　빨리 가세나.
　春子や。　　　　　　　　　　　하루코야!

22 ~(과거형)っけ　　　　　　　　~이었지, ~이었던가
　よく遊んだっけ。　　　　　　　자주 놀곤 했었지.
　いつでしたっけ。　　　　　　　언제였죠?

제16과 저 사내는 눈매로 봐서 빈틈이 없을 것 같다

보충어휘

요리

焼く 굽다	漬ける 절이다
ゆでる 삶다	炒める 볶다
揚げる 튀기다	丸焼きにした~ 통째로 구운~
オーブンで焼いた~ 오븐으로 익힌~	網焼きにした~ 석쇠로 구운~
蒸気にした~ 수증기로 찐~	細切れにした~ 잘게 썬~
のりで巻いた~ 김으로 말은~	お湯をとおした~ 더운 물에 데친~
きれいに盛った~ 예쁘게 담은~	目玉焼き~ 노란 자위를 깨트리지 않는 계란 프라이~

# 문형활용

음식

ああ、お腹がすいた。	아, 배고프다.
ああ、おいしい。	아, 맛있어.
この料理、うまいですね。	이 요리 맛있네요.
味はどうですか。	맛은 어때요?
私にはちょっと甘すぎます。	나에게는 너무 달아요.
残念ながら口に合いません。	유감스럽지만 입에 맞지 않습니다.
どんな食べ物がお好きですか。	어떤 음식을 좋아하십니까?
何でも食べます。食べ物にはうるさくないんです。	무엇이든 먹습니다. 음식은 까다롭지 않습니다.
日本料理の中でどれがお好きですか。	일본요리 중에서 어느 것을 좋아하십니까?
これはうまい。誰が料理したんですか。	이거 맛있는데. 누가 요리했습니까?
さあどうぞ、ご自由に食べてください。	자 어서, 마음껏 드세요.
お好きな物をなんでも自由にお取りください。	좋아하시는 것이 있으면 무엇이든 마음껏 드십시오.
とてもおいしそうでしょう?	매우 맛있어 보이죠?
スープの味はいかがですか。	수프 맛은 어떠십니까?
何か飲み物は?	뭐 마시지 않겠어요?
居間でコーヒーを飲みましょう。	거실에서 커피를 마십시다.
食事は毎日ちゃんと食べますか。	아침은 매일 꼭 먹습니까?
朝食にはたいていパンを食べます。	아침에는 대개 빵을 먹습니다.
一息入れて、昼食を注文しましょう。	잠깐 쉬고 점심을 시킵시다.
今夜の食事はどこでしましょうか。	오늘 밤 식사는 어디서 할까요?
いつも自炊しています。	항상 혼자서 해 먹습니다.
コーヒーを一杯飲みましょうか。	커피를 한 잔 마실까요?

コーヒーを一杯おごりましょう。	커피를 한 잔 사겠습니다.
コーヒーに砂糖とクリームを入れますか。	커피에 설탕과 크림을 넣습니까?
これはよく火が通ってないようですが。	이건 잘 익지 않은 것 같은데요.
これ、冷めていますよ。代えてください。	이거 식었어요. 바꿔 주세요.
サービス料込ですか。	봉사료가 포함되었습니까?
お釣りは結構です。	거스름돈은 됐습니다.
今晩、飲みに行きませんか。	오늘밤 한 잔 하러 가지 않을래요?

예약

今井です。予約の変更をお願いしたいんですが。
　　　　　　　　　　　　　이마이입니다. 예약 변경을 부탁합니다.

今井さまは、土曜日の六時に五名様となっておりますが。
　　　　　　　　　　　　　이마이 님은 토요일 6시에 다섯 분이라고 되어 있습니다만.

七時に変更できますか。　　　7시로 변경할 수 있습니까.

あいにく七時はいっぱいでございます。　공교롭게도 7시는 모두 예약이 되어 있습니다.

八時からならお席がございますが。　8시부터라면 자리가 있습니다만.

八時に次の予約はありますので、その前に終わっていただきます。
　　　　　　　　　　　　　8시에 다음 예약이 있기 때문에 그 전에 끝이 났으면 합니다.

結構です。急いで食べるようにみんなに言います。
　　　　　　　　　　　　　좋습니다. 서둘러 먹도록 모두에게 말하겠습니다.

문법정리

존경어

경어체는 상대방을 높이는 존경어, 나의 행동을 낮추는 겸양어, 공손한 말씨의 정중어로 나눌 수 있다. 존경어에는 일정한 형태를 취하는 존경어 공식과 그 자체에 존경의 의미를 포함한 존경 단어가 있다.

1. 動詞文을 존경어로 바꾸는 방법

   가. 「お(ます형) + になる.」
   - ㄱ) 読む : 先生がお読みになる。 선생님이 <u>읽으신다</u>.
   - ㄴ) これから鈴木先生が生命科学についてお話しになります。
     이제부터 스즈키 선생님이 생명과학에 대해 <u>말씀하시겠습니다</u>.

   나. 「ご(동작명사) + になる」
   - ㄱ) 先生がご参加になる。 선생님이 <u>참가하신다</u>.

   다. 수동형 모양 「~(ら)れる」를 쓴다.
   - ㄱ) 読む : 先生が読まれる。 선생님이 <u>읽으신다</u>.
   - ㄴ) 先生が参加される。   선생님이 <u>참가하신다</u>.

2. 명사 등에 접두어 「お, ご」를 붙여 존경어를 만들 수 있다. 「ご」는 한자어 명사(漢語)에 주로 사용된다.

   가. お名前 성함 お体 옥체, 몸 ご成功 성공

3. 명사 등에 접미어 「~さん, ~様, ~殿」

4. 지시

   경어체의 표현으로 「お(ます형) + ください」가 있다.

   가. 読んでください。→ お読みください。 <u>읽어 주세요</u>.

   나. どうぞ、<u>お座りください</u>。 부디 <u>앉아 주세요</u>.

5. 단어 자체에 존재의 의미가 포함된 존경어휘가 있다.
　　いらっしゃる(계시다), おっしゃる(말씀하시다)
　　　가. 社長は会議室にいらっしゃいます。 사장님은 회의실에 계십니다.

겸양어・정중어

나를 낮추어 상대를 높이는 겸양어의 주체는 반드시 나, 우리 등이 되어야 한다. 대부분의 동사에 적용 가능한 겸양어 패턴과 그 자체에 겸양의 의미를 포함한 겸양 어휘가 있다. 양 표현은「お + ます형 + する」의 틀에 적용시켜 나타낼 수 있다.「~ます, ~です」처럼 대화하는 상대에게 사용하는 정중한 말씨를 鄭重語라고 한다.

1. 겸양어
　　가. 동사・형용사 등의 주체가 나・우리이어야 한다.
　　　ㄱ) 私は金と申します。 나는 김이라 합니다.
　　나. 겸양 표현의 패턴으로는「お + ます형 + する」가 있다.
　　　ㄱ) 読む → お読み + する
　　　ㄴ) では、お読みします。 그럼 읽겠습니다.
　　　ㄷ) 皆様のご意見をお待ちしております。
　　　　　여러분의 의견을 기다리고 있겠습니다.
※ 사역형과 조합시켜 겸손한 표현을 만들 수 있다.
　　가.「사역형 + てもらう(=ていただく)」(지시, 명령, 허락을 받아서)~한다.
　　　ㄱ) 休ませていただきます。 쉬겠습니다.
　　　ㄴ) 先生の本は読ませていただきました。 선생님의 책은 읽었습니다.
　　나.「사역형 + てもらうたい(=ていただきたい)」
　　　　(지시, 명령, 허락을 받아서) ~하고 싶다.
　　　ㄱ) 休ませていただきたい。 쉬고 싶다.

다. 「사역형+~てください」(지시, 명령, 허락을)~해 주세요.=~하고 싶습니다.

　ㄱ) 読ませてください。읽게 해 주세요.(읽고 싶습니다)

2. 鄭重語

「~です, ~ます」는 듣는 사람에 대한 정중한 말씨이다. 그 외「ある → ござる, いい → よろしい」등이 정중어이다.

가. その写真、ちょっと拝見してもよろしいでしょうか。
　　그 사진 잠깐 봐도 좋을까요?

연습문제

다음 문장을 밑줄 친 부분에 유의하면서 日訳해 보자.

1. 분위기로 <u>판단해 보면</u> 믿을 수 없는 일이 일어났다.

   ⇨

2. 한번 <u>말한 이상</u>, 그대로 행동으로 옮겨야 한다.

   ⇨

3. 자, 가자<u>꾸나</u>.

   ⇨

4. 내가 그렇게 <u>들었던가</u>.

   ⇨

 # 제17과 아버지의 이야기는 당연히 들어야 하는 법이다.

~ものだ, ~ものがある, ~もので, ~(과거 た)ものだ, ~もので, ~ものを(=のに), ~ものか(=もんか), ~ものなら, ~ものではない, ~(よ)うものなら, ~をものともせず, ~かけの, ~かける, ~に限る, ~に限りに(=を最後に), ~に限って, ~に限らず, ~限りでは, ~限り, ~限りだ, ~ない限り, ~ついでに, ~がてら

📖 기본문형

1 ~ものだ   ~인 법이다(당연), ~이기 마련이다
父の話は聞くものだ。 아버지의 이야기는 당연히 들어야 하는 법이다.

2 ~ものがある   ~하는 점이 있다
この絵には人を引き付けるものがある。
이 그림에는 사람을 휘어잡는 곳이 있다.

3 ~(과거 た)ものだ   ~하곤 했다(회상)
昔はよく行ったものだ。 옛날은 자주 갔던 곳이다.

4 ~もので、~ものだから   ~하기 때문에, ~하므로
遅れたものだから。 늦었기 때문에.

5 ~ものを(=のに)   ~할 것을(후회), ~련만
はやくすればいいものを、ぐずぐずしている。
빨리 하면 좋을 것을 꾸물꾸물거리고 있다.

6 ~ものか(=もんか)   ~할까보냐, ~하지 않겠다(강한 부정의지)
君なぞに負けるもんか。 너 따위에 질소냐.
二度とあいつと会うもんか。 두 번 다시 그놈과 만나나 봐라.

7 ~ものなら   ~이라면
行けるものなら行ってみたい。 갈 수 있다면 가보고 싶다.

8 ~ものではない　　　　　　　　　　　~하는 게 아니다
小さい子を一人で遊びに行かせるものではない。
　　　　　　　　　　　　　어린아이를 혼자서 놀러 보내는 게 아니다.

9 ~(よ)うものなら　　　　　　　　　~하게 되면
父に口答しようものならどなられるぞ。
　　　　　　　　　　　　　아버지에게 말대꾸하게 되면 야단맞아요.

10 ~をものともせず　　　　　　　　　~을 아랑곳하지 않고
国民の批判をものともせず、改革を進めていく。
　　　　　　　　　　국민의 비판을 아랑곳하지 않고 개혁을 진행해 간다.

11 ~かけの　　　　　　　　　　　　　~하다 만
食べかけのバナナです。　　　　　먹다 만 바나나입니다.

12 ~かける　　　　　　　　　　　　　~하기 시작하다
読みかけた本です。　　　　　　　읽기 시작한 책입니다.

13 ~に限る　　　　　　　　　　　　　~이 제일이다, ~이 최고다
金剛山は秋に限る。　　　　　　　금강산은 가을이 최고다.

14 ~に限りに(=を最後に)　　　　　　~을 끝으로
彼は今回を限りに、二度と遅刻しないだろう。
　　　　　　　그는 이번을 기회로 두 번 다시 지각하지 않을 것이다.

15 ~に限って　　　　　　　　　　　　~에 한해서
彼に限って間違いはないだろう。　그에 한해서 틀림 없을 것이다.

16 ~に限らず　　　　　　　　　　　　~뿐만 아니라
秋に限らず冬にも見られる。　　　가을뿐만 아니라 겨울에도 보인다.

17 ~限りでは　　　　　　　　　　　　~한 바로는
私の知る限りでは彼はまだ独身だ。
　　　　　　　　　　　　　내가 아는 바로는 그는 아직 독신이다.

18 ~限り　　　　　　　　　　　　　~한
仕事がある限りは帰らない。　　　　일이 있는 한 돌아가지 않는다.

19 ~限りだ　　　　　　　　　　　　매우~하다
どうしても入りたかった大学に合格して嬉しい限りです。
　　　　　　　　　　아무래도 들어가고 싶었던 대학에 합격해서 매우 기쁩니다.

20 ~ない限り　　　　　　　　　　　~하지 않는 한
謝らない限り許さない。　　　　　　사과하지 않는 한 용서하지 않는다.

21 ~ついでに　　　　　　　　　　　~하는 김에
買物のついでに友達に会った。　　　쇼핑하는 김에 친구를 만났다.

22 ~がてら(=かたがた)　　　　　　 ~하는 김에, ~을 겸하여
遊びがてら訪ねてくれ。　　　　　　놀러오는 김에 찾아 줘.
散歩かたがた買物する。　　　　　　산책하는 겸 쇼핑한다.

보충어휘

장소

所(ところ) 곳, 장소	場所(ばしょ) 장소	席(せき) 자리, 좌석	位置(いち) 위치
辺(へん) 부근, 근처	会場(かいじょう) 회의장, 모임장소	周辺(しゅうへん) 주변	隅(すみ) 구석
向(む)こう 저쪽, 건너편, 행선지		回(まわ)り 주변	近辺(きんぺん) 근처, 부근

 # 문형활용

대화를 진행할 때

あ、そうそう。	아, 그래그래.
言い忘れていたよ。	할 말을 잊고 있었어.
念のために言っておくが。	확인 차 말해 두는데.
いま思い出したんだけど…。	지금 생각났는데….
あっ、もうひとつだけ。	아, 또 한 가지만.
昨日の話の続きですが…。	어제 이어서 이야기하겠는데….
ちょっと参考まで。	좀 참고삼아.
もう少し詳しく言うとですね…。	좀더 상세히 말하자면….
申し遅れましたが…。	말씀이 늦었습니다만….
本当にこれでいい?	정말로 이것으로 되겠어?
本当なの?	정말이니?
うそじゃないのね。	거짓말 아니지?
わかっているだろうね?	알고 있을 것이겠지?
本気なの?	진심이니?
一人でもやるつもりなの?	혼자서 할 셈이냐?
忘れないでね。	잊지 말아요.
それで大丈夫なんですか。	그것으로 괜찮습니까?
ちゃんと確かめたの?	똑똑히 확인했니?
あ、それ知ってる。	아, 그거 알고 있어.
あ、そのことについてだけど、今朝の新聞読んだ?	아, 그것에 대해서인데, 오늘 아침 신문 읽었어?
それでどうなったの?	그래서 어찌 됐어?

제17과 아버지의 이야기는 당연히 들어야 하는 법이다 187

말문이 막힐 때

えーと…。	에- 그러니까….
つまり、その…。	즉(요컨대), 그….
何だっけ？	뭐더라?
何て言ったらいいのか…。	뭐라 말하면 좋을지….
どう言えばいいか、分からないけれど…。	어떻게 말하면 좋을지 모르겠지만….
もっと詳しく知りたいんだ。	더 자세히 알고 싶어?
ちゃんと聞いてるよ。	잘 듣고 있어?
会議はどうだった？	회의는 어땠어?
世間話をしただけだよ。	세상 돌아가는 이야기를 했을 뿐이야.
どうぞ話しを続けてください。聞いているから。	자 이야기를 계속하세요. 듣고 있으니까.
違うかもしれませんが…。	다를지도 모르겠습니다만….
ご意見は尊重しますが、私は別の考えを持っています。	의견은 존중합니다만 저는 다른 생각을 갖고 있습니다.
まあ、それは認めますが…。	글쎄 그건 인정하지만….
誤解しないでいただきたいのですが…。	오해하지 말아 주셨으면 합니다만….
気を悪くしないでいただきたいんですが…。	기분 나쁘게 생각하지 않았으면 합니다만….
ええと、そうですね。	저어, 글쎄요.
あれ、ちょっと待ってくださいよ。何でしたっけ…。	그래, 잠깐 기다려 주세요. 뭐였더라….
ええと、どこまで話したかなあ。	저어, 어디까지 말했더라.
何と言ったらよいか…。	뭐라고 하면 좋을지….
そうですね、こんなふうに言いましょうか。	글쎄요, 이런 식으로 말할까요?
私の知る限りでは…。	제가 알기로는….
ほら、こうなんですよ。	자, 이렇습니다.

말을 막을 때

ごちゃごちゃ口出ししないでよ。	너저분하게 말참견하지 마.
大声を出すな！	큰소리 지르지 마!
ぶつぶつ言うな！	투덜거리지 마!
少しおとなしくしなさい。	좀 얌전하게 해!
がみがみ言うな！	시끄럽게 굴지 마!
口答えはしないで！	말대꾸하지 말아요!
黙っていろよ。あんたはおしゃべりだなあ！	잠자코 있어. 너는 말이 많아!
そんな大声で言わないで。	그렇게 큰소리로 말하지 말아요.

대화 전환

さて、本題に入りましょう。	각설하고 본론으로 들어갑시다.
ところで、これはとても味がいいね。	그런데 이거 무척 맛있는데.
それはそうと紅茶はいかがですか。	그건 그렇고 홍차를 드시겠어요?
さて、それでは次の問題に移りましょう。	그건 그렇고 그럼 다음 문제로 넘어갑시다.
ところで、少し休みましょう。	그건 그렇고 좀 쉴까요?
そのことは今話したくないんだ。	그것은 지금 이야기하고 싶지 않아.
そのことはあとで話そう。	그건 나중에 이야기하자.
冗談はさておいて…。	농담은 그만하고 ….
それはさておき、旅行はどうするの?	그건 그렇다 치고 여행은 어떻게 할 거니?
話題は変わりますが…。	화제는 바뀝니다만.
話は少しそれますが…。	이야기가 좀 빗나갔습니다만.

문법정리

형용사의 명사화

1. 형용사를 명사화하기 위해서는 형용사 어간에 「さ」나 「み」를 붙인다.

   深い → 深さ　　깊이　　　　深い → 深み　　깊음
   重い → 重さ　　무게　　　　重い → 重み　　무거움
   悲しい → 悲しさ　슬픔　　　悲しい → 悲しみ　슬픔
   甘い → 甘さ　　단맛　　　　甘い → 甘み　　단맛

2. 「さ」와 「み」의 뉘앙스의 차이

   가. 「さ」가 붙는 경우 → 정도나 성질을 나타내는 느낌을 준다.
   　甘さいっぱいのおいしいりんご。단맛 가득한 맛있는 사과.

   나. 「み」가 붙는 경우 → 상태를 추상화하며, 다소 문학적인 느낌을 준다.
   　この絵は深みがない。이 그림은 깊은 맛이 없다.

예외 5단(1그룹) 동사

모양새는 1단 동사를 띄고 있지만 5단 동사처럼 활용하는 동사들이 있다. 이것은 예외 5단 동사라고 하는데 예외의 경우로 반드시 암기하여야 한다.

知る 알다	帰る 돌아가다	入る 들어가다
切る 베다, 자르다	走る 달리다	滑る 미끄러지다
限る 한하다	減る 줄다, 적어지다	湿る 습하다, 축축하다
練る 단련시키다	ちぎる 잘게 찢다	にぎる 쥐다, 잡다
しゃべる 재잘거리다	捻る 비틀다	煮る 삶다
遮る 가리다, 차단하다	散る 떨어지다	交じる 섞이다
照る 비추다	蹴る 차다	くねる 구불거리다
かじる 갉아먹다	つねる 꼬집다	あせる 초조해지다
いじる 만지다, 주무르다		

■ 「~ば(~하면)」의 사용상 주의할 점

1. 동작 동사일 때 뒤의 부분에서 말하는 사람의 의지, 의뢰, 명령, 허가 등의 문장은 사용할 수 없다.
   가. 風邪をひけば、この薬を飲みなさい。(×)
2. 그러나 상태를 나타내는 말 「ある, いる, 要る, 가능동사, 형용사」 등은 예외이다.
   가. 高くなければ、買いたいです。 비싸지 않으면 사고 싶습니다.(○)

■ 「~と(~하면)」의 사용에서의 주의할 점

1. 뒤에 오는 말하는 사람의 의지, 의뢰, 명령, 허가 등의 문장을 사용할 수 없다.
   가. 暖かくなると、行きましょう。(×)
2. 그러나 뒤의 문장에 습관, 자연현상이 오는 경우 가능하다.
   가. 暖かくなると、いつもみんなで花見に行きます。
      따뜻해지면 언제나 모두 꽃구경하러 갑니다. (습관)
   나. 暖かくなると、花が咲きます。 따뜻해지면 꽃이 핍니다.(자연 현상)

다음 문장을 밑줄 친 부분에 유의하면서 日訳해 보자.

1. 선생님의 말씀은 잘 들어야 <u>하는 법이다</u>.

   ⇨

2. 옛날 종종 <u>들렀던 곳이야</u>.

   ⇨

3. <u>읽다 만</u> 책을 다시 들었다.

   ⇨

4. 가을은 역시 <u>단풍이 최고다</u>.

   ⇨

제18과 먹지 않을 수 없다.

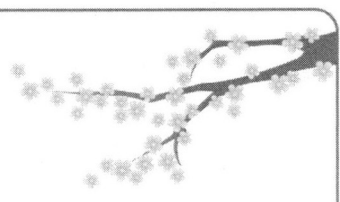

~ずにはいられない, ~ずにはおかない, ~ないで(=ずに)はすまない, ~べし, ~べきだ, ~べく, ~べからず, ~べきではない, だって~もの(もん), ~ごと, ~目, ~方, ~際には, ~ごろ, ~付き, ~ぶり, ~一回り, ~ら, ~なんて, ~とも, ~おきに

기본문형

1. **~ずにはいられない** ~하지 않을 수 없다(안절부절)
   食べずにはいられない。   먹지 않을 수 없다.

2. **~ずにはおかない** 반드시 ~하다
   今度いたずらをしたら、罰を与えずにはおかないぞ。
   이번에 또 장난을 친다면 벌을 반드시 내릴 것이다.

3. **~ないで(=ずに)はすまない** ~하지 않으면 해결되지 않는다
   君が悪いのだから、謝らずにはすまないだろう。
   너가 잘못한 것이니까 사과하지 않으면 해결되지 않을 것이다.

4. **~べし** ~것이 마땅하다, ~일 것이다, ~이 적당하다, ~만 하다, ~하라, ~하여 다오
   食べるべし。   먹을 만하다.

5. **~べきだ** ~해야 한다(문어적 표현)
   言うべきことははっきり言うべきです。
   말해야 할 것은 확실히 말해야 합니다.

6. **~べく** ~할 만한(당연), ~하기에, ~하기 위해(목적)
   彼を見舞うべく病院へ訪れた。   그를 문병하기 위해 병원으로 찾아갔다.

7. **~べからず** ~해서는 안 된다
   部屋に入るべからず。   방에 들어가서는 안 된다.

8 ~べきではない　　　　　　　　　　　　▍~해서는 안 된다
　　いま家へ行くべきではない。　　　　　　지금 집에 가서는 안 된다.

9 だって~もの(もん)　　　　　　　　　　▍그렇지만 ~한 걸요
　　だってお金がないんだもの。　　　　　　그렇지만 돈이 없는 걸요.

10 ~ごと　　　　　　　　　　　　　　　　▍~마다, ~째
　　月ごとの行事。　　　　　　　　　　　　달마다의 행사.
　　りんごを皮ごと食べる。　　　　　　　　사과를 껍질째 먹는다.

11 ~目　　　　　　　　　　　　　　　　　▍~째
　　一番目です。　　　　　　　　　　　　　첫 번째입니다.

12 ~方　　　　　　　　　　　　　　　　　▍~하는 방법
　　書類の記入のし方がわかりません。
　　　　　　　　　　　　　　　　　　　　　서류 기입방법을 모릅니다.

13 ~際には　　　　　　　　　　　　　　　▍~즈음에는, ~때에는
　　出発の際には雨が止んだ。　　　　　　　출발할 즈음에는 비가 그쳤다.

14 ~ごろ　　　　　　　　　　　　　　　　▍~경, ~무렵, ~시기
　　見ごろは満開の時です。　　　　　　　　볼만한 시기는 만개할 때입니다.

15 ~付き　　　　　　　　　　　　　　　　▍~붙은, ~딸린, ~생김
　　顔つきはいいですね。　　　　　　　　　얼굴 생김새는 좋군요.

16 ~ぶり　　　　　　　　　　　　　　　　▍~시간 경과, ~모습
　　久しぶりに会いました。　　　　　　　　오랜만에 만났습니다.
　　寝たふりをしました。　　　　　　　　　자는 체 했습니다.

17 ~一回り　　　　　　　　　　　　　　　▍~한층 더
　　あなたは一回り大きく見える。　　　　　당신은 한층 크게 보인다.

18 ~ら
子供ら。

19 ~なんて
私はお金なんてありません。

一つで千円もするなんて驚きました。

20 ~とも
よかった。二人とも無事だった。

21 ~おきに
一日おきに学校へ行く。

~들, ~등
어린이들.

~같은, ~이라니, ~따위
나는 돈 같은 거 없습니다.

하나에 천 엔이나 하다니 놀랍습니다.

~다, ~모두
다행이다. 두 사람 모두 무사했다.

~걸러(일정기간)
하루걸러 학교에 간다.

보충어휘

종조사

~ね ~군요(동감), ~있지요(확인)	~よ ~이어요(인식)
~わ ~할래(주장), ~야(감탄)	~の ~건데?(의문), ~됐어(가벼운 단정)
~こと ~구나!(감탄), ~할 것(명령)	~もの ~걸요(여성 전용, 불만)
~さ ~말이야(감탄, 강조)	~ぞ ~하자(강조)
~か ~까?(의문), ~지?(확인), ~인가(감탄), ~니(손아래, 친밀감)	
~な ~마라(금지), ~해라(부드러운 명령), ~네(감탄)	
~かしら ~일까(불확실성)	~ぜ ~하네(주의 환기), ~할 테다(다짐)
~とも ~이 말고	~って ~대요, ~라고, ~뭐라고?, ~말라니까
~や ~하세!, ~야!	~だっけ ~이었지, ~이었던가

동물

動物 동물	獣 짐승	鳥 새	鶏 닭
ひよこ 병아리	雀 참새	烏 까마귀	鷲 독수리
鷹 매	小鳥 작은 새	家鴨 집오리	燕 제비
鶴 학	熊 곰	虎 호랑이	ライオン 사자
象 코끼리	麒麟 기린	兎 토끼	鹿 사슴
狸 너구리	狐 여우	猪 멧돼지	狼 이리, 늑대

생선

魚 생선	金魚 금붕어	鯨 고래	烏賊 오징어
龜 거북	鮫 상어	鰐 악어	鯛 도미
鮹 낙지, 문어	海豚 돌고래		

문형활용

대화를 마무리할 때

とにかく…。	아무튼….
どっちにしろ…。	어쨌든….
とにかく見に行ってみよう。	아무튼 보러 가 보자.
いずれにしても腹ごしらえする必要があるね。	어쨌든 미리 배를 채워둘 필요가 있군.
たとえば、酒とかたばこはやめなくては。	예를 들면 술이나 담배를 끊어야 해요.
言い換えると…。	바꿔 말하면….
結局は…。	결국은….
要するに…。	요컨대….
おまけにその上…。	더군다나 그 위에….
さらにひどいことに…。	더욱 심하게도….

의견을 말할 때

私としては…。	저로서는….
本当のことを言うと…。	사실을 말하자면….
私の考えを言わせてください。	제 생각을 말하겠습니다.
私の意見を申し上げます。	저의 의견을 말씀드리겠습니다.
この問題に関して考えを述べさせていただきます。	이 문제에 관해서 생각을 말씀드리겠습니다.
一言述べていただきたいのですが。	한 마디 말씀드리고 싶은데요.
忌憚なくご意見を述べていただけますか。	기탄없이 의견을 말씀해 주시겠습니까.
その件に関してはあまり意見はございません。	그 건에 관해서는 그다지 의견이 없습니다.
おっしゃることは本当でしょうが…。	말씀하신 것은 사실이겠지만….

제안할 때

提案があるんですが。	제안이 있는데요.
近道にしよう。	빠른 길로 하자!
ズル休みしよう！	땡땡이치자!
これはどう？	이건 어때?
ちょっと考えてごらん。	좀 생각해 봐.
一緒にやらない？	함께 안 할래?

제안을 받아들일 때

喜んで。	기꺼이.
はい、どうぞ。	자, 그러시죠.
何でもするよ。	무엇이든 할게.
私にやらせてください。	내가 하겠습니다.
わかった。あとは私に任せて。	알았어. 뒤는 나에게 맡겨.
たとえ何があろうとやります。	설령 무슨 일이 있더라도 하겠습니다.

제안을 거절할 때

そうできればいいんだけど…。	그렇게 할 수 있으면 좋겠지만….
私はいやだ。	나는 싫어.
お気の毒ですが、私は力になれません。	죄송하지만 저는 도움이 못 됩니다.
今回はお力になれません。	이번에는 힘이 되어드릴 수 없습니다.
残念ながら、急用が入ってしまいました。	유감스럽게도 급한 일이 생겨버렸습니다.
すみません、今急いでいるので。	미안합니다. 지금 급해서요.
ほかに用事があるので。	다른 용무가 있어서.
できれば…したくないのですが。	가능하면…하고 싶지 않습니다만.

문법정리

■ 의지를 나타내는 다른 표현

일반적으로 권유형은 「(よ)う」표현이지만 이 밖에 의지를 나타내는 표현에 「~つもりだ (할 생각이다, ~할 작정이다)」가 있고 이와 비슷한 표현으로 「~予定だ(~할 예정이다)」라는 표현이 있다.

「~つもりだ(할 생각이다, ~할 작정이다)」와 「~予定だ(~할 예정이다)」는 모두 기본형에 접속되기 때문에 활용에 있어서는 동일한 점을 갖고 있다. 그러나 사용되는 상황에 대해서는 큰 차이가 있다.

1. 「~つもりだ(할 생각이다, ~할 작정이다)」→ 주체의 의지를 나타내며 주관적이고 개인적인 계획을 표현할 때 사용한다.

2. 「~予定だ(~할 예정이다)」→ 이미 정해진 공식적인 예정이나 예정이 잡혀 있는 경우에 사용한다.

가. 9시에 회의를 할 예정입니다. - 이미 정해진 공식적인 예정
　　ㄱ) 九時に会議をするつもりです。（×）
　　ㄴ) 九時に会議をする予定です。　（○）

나. 담배를 끊을 생각입니다. - 주체의 의지, 주관적이고 개인적인 계획
　　ㄱ) タバコを止める予定です。　　（×）
　　ㄴ) タバコを止めるつもりです。　（○）

다. 집에서 공부할 생각입니다. - 주체의 의지, 주관적이고 개인적인 계획
　　ㄱ) 家で勉強をする予定です。　　（×）
　　ㄴ) 家で勉強をするつもりです。　（○）

■ 권유・의지의 사용에 있어서 주의할 점

문장 끝에 말하는 사람의 의지나 상대방에 대한 권유로서는 사용할 수 없는 문장이 있다.

1. 「~て(이유), ~と, ~(동작 동사)ば, ~のに」 이것은 말하는 사람의 의지나 권유가 들어있

는 문장은 사용할 수 없다

　　가. 寒くて、窓を閉めてください。　　　　　（×）
　　나. 暗くなると、電気をつけましょう。　　　（×）
　　다. 京都へ行けば、お土産を買ってきてください。（×）
　　라. 眠いのに、今晩は二時まで勉強しよう。　（×）

2. 「~から, ~たら, ~なら, ~ても」 말하는 사람의 의지나 권유가 들어있는 문장에서 사용할 수 있다.

　　가. 寒いから、窓を閉めてください。
　　　　추우니까 창문을 닫아주세요. （○）

　　나. 暗くなったら、電気をつけましょう。
　　　　어두워졌으면 전기를 켭시다. （○）

　　다. 京都へ行くなら、お土産を買ってきてください。（○）
　　　　교토에 간다면 선물을 사 오세요.

　　라. 眠くても、今晩は二時まで勉強しよう。졸려도 오늘밤은 2시까지 공부하자.
　　　　　　　　　　　　　　　　　　　　　　　　　　　　　　　　　　（○）

겸양 표현 「さしあげる(드리다)」를 사용할 수 없는 경우

1. 「さしあげる(드리다)」는 나를 낮추는 겸손한 표현이기 때문에 타인이 주체일 때는 사용할 수 없다.

　　가. 그는 선생님께 책을 드렸습니다. → 彼は先生に本をさしあげました。（×）

2. 드릴 분이 손윗사람일지라도 나의 그룹(うち)의 일원이면 「さしあげる(드리다)」라고 하지 않고 「あげる」라고 표현한다.

　　가. 나는 아버지께 넥타이를 드렸습니다. → 私は父にネクタイをあげました。

문화

● 「몸이 아파요」의 사용에 대한 주의

　몸이 아프다고 할 때 흔히 「体が痛い」라고 하기 쉬운데, 이 말은 운동이나 피로, 류마티스 등으로 몸에 통증을 느낀다는 뜻이기 때문에 건강이 안 좋다는 뜻으로 쓰이지 않는다. 몸이 아프다고 할 때는 「体の調子が悪い, 体の具合が悪い」라고 하고, 경우에 따라서는 「気分が悪い, 気持が悪い」도 가능하다. 즉 「気分, 気持」도 심리 상태 외에 신체 상태에도 사용할 수 있다. 이 때 「気分が悪い」는 금방이라도 토할 것 같다, 또는 징그럽다는 의미를 가지고 있다.

연습문제

다음 문장을 밑줄 친 부분에 유의하면서 日訳해 보자.

1. 별로 내키지는 않았지만 그렇게 하<u>지 않을 수 없었다</u>.

   ⇨

2. 자신의 의견을 정확하게 말<u>해야 한다</u>.

   ⇨

3. 함부로 남의 방에 들어가<u>서는 안 된다</u>.

   ⇨

4. 영어의 <u>읽는 법</u>은 어렵습니다.

   ⇨

제19과 커피를 마시고 있어요.

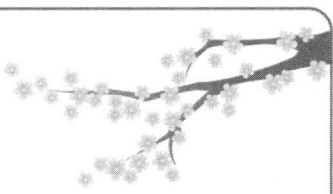

보통체, 반말체, ~てる, ~とく, ~ちゃう, ~って, あんた, ~わからんこと, ~てんでしょっ, ~ったら, ~なっくちゃ, ~もん, ~見れる, こりゃ, そら, やっぱ, ~の, ~こと, ~さ, ~もの, ~ぞ, ~か, ~な, ~ぜ, ~や

기본문형

1 ~てる   ~하고 있다
  コーヒーを飲んでるよ。   커피를 마시고 있어요.

2 ~とく   ~해 두다
  鉛筆を買っとくなよ。   연필을 사두지 말아요.

3 ~ちゃう   ~해 버리다
  彼女は行っちゃった。   그녀는 가버렸어.

4 ~って   ~라고(인용), ~라는 것은, ~면서, ~이 해도, ~이 말을 물어오더라도,
          ~라고 한다는군, ~뭐라구요, ~라고 했어(하지 않는다)

  行くなってさ。   가지 말래.

  銀座っていい所ね。   긴자란 좋은 곳이구나.

  かわいそうなことは惚れたってことよ。
                                 가엾다는 것은 반했다는 뜻이야.

  いなか者だからってばかにするな。 시골뜨기라고 해서 업신여기지 마라.

  今行ったって間にあわないよ。   이제 간댔자 이미 늦었어.

  あしたは雨だってさ。   내일은 비가 온다더라.

  えっ！死んだって。   뭐! 죽었다구요?

だれが行くかって。 누가 간대.(가지 않는다)

4. あんた 당신, 너, 자네
あんたどこへ行くの。 너 어디에 가지.

6. ~わからんこと ~알지 못하는 것
あんたわからんこと言うな。 너 알지 못하는 거 말하지 마.

7. ~てんでしょっ ~하고 있겠지
いまご飯を食べてんでしょっ。 지금 밥을 먹고 있겠지.

8. ~ったら ~라면, ~라고 하면
車ったら小さいのが一番よ。 차라면 작은 것이 우선이야.

9. ~なっくちゃ ~않고서는, ~않으면
勉強しなくっちゃいけないよ。 공부하지 않으면 안 돼요.

10. ~もん ~것(ものの 축약)
これは食べるもんじゃない。 이것은 먹을 것이 못돼.

11. ~見れる ~볼 수 있다.
あなたといっしょに映画を見れる。 당신과 함께 영화를 볼 수 있어.

12. こりゃ 이것은
こりゃ大変だ。 이것은 큰일이네.

13. そら 그것은
そら大変だ。 그거 큰일이야.

14. やっぱ 역시
やっぱだめだな。 역시 안 돼. (틀렸어)

15. ~の ~건데(의문), ~됐어(부드러운 단정)
どうするの。 어떻게 할 건데?

それでいいの。　　　　　　　　　그거면 됐어.

16 ~こと　　　　　　　　　　　▎~구나! (여성전용 감탄사)
　大変な人出だこと。　　　　　　엄청난 나들이 인파구나!

　まあ、美しいこと。　　　　　　어머 예뻐라!

17 ~さ　　　　　　　　　　　　▎~란 말야!(감탄, 강조)
　あれは私の家さ。　　　　　　　저건 내 집이란 말야.

18 ~もの　　　　　　　　　　　▎~걸요(여성전용어, 불만)
　私、寂しいんだもの。　　　　　저 쓸쓸한 걸요.

19 ~ぞ　　　　　　　　　　　　▎~하자(강조)
　さあ、行くぞ。　　　　　　　　자, 가자.

20 ~かい　　　　　　　　　　　▎~냐, ~니(친밀감)
　もう見たかい。　　　　　　　　벌써 봤니?

21 ~な　　　　　　　　　　　　▎~해라(부드러운 명령)
　これ食べな。　　　　　　　　　이거 먹어라.

22 ~ぜ　　　　　　　　　　　　▎~하네, ~할테다(주의 환기, 다짐)
　じゃ後は頼むぜ。　　　　　　　자 그럼 뒤는 부탁하네.

23 ~や　　　　　　　　　　　　▎~하세, ~야
　はやく行こうや。　　　　　　　빨리 가세나.

보충어휘

동물

ペット 애완용 동물, 귀염둥이	家畜(かちく) 가축	虫(むし) 벌레
蟻(あり) 개미	蜂(はち) 벌	蝶(ちょう) 나비
蜻蛉(とんぼ) 잠자리	蝸牛(かたつむり) 달팽이	蚯蚓(みみず) 지렁이
蜘蛛(くも) 거미	昆虫(こんちゅう) 곤충	蚊(か) 모기
ごきぶり 바퀴벌레(あぶらむし)		

식물

植木(うえき) 정원수	枝(えだ) 가지	葉(は) 잎	花(はな) 꽃
草(くさ) 풀	根(ね) 뿌리	茎(くき) 줄기	幹(みき) 나무줄기
盆栽(ぼんさい) 분재	植木鉢(うえきばち) 분재		

여행

旅行(りょこう) 여행	観光(かんこう) 관광	旅館(りょかん) 여관	景色(けしき) 경치
眺(なが)め 조망, 전망	旅(たび) 여행	郊外(こうがい) 교외	予約(よやく) 예약
キャンセル 취소	取(と)り消(け)し 취소	案内(あんない) 안내	ガイド 가이드
出発(しゅっぱつ) 출발	ホテル 호텔	地図(ちず) 지도	リゾート 리조트
レジャー 레저	スキー 스키	ハイキング 하이킹	ボート 보트
釣(つ)り 낚시	ゴルフ 골프	ドライブ 드라이브	

문형활용

待ってるよ。 기다릴게.
子供をつれてくよ。 아이를 데려갈 게.
お酒を買っとくよ。 술을 사 놓을 게.
飲んじゃった。 마셔 버렸어.
食べちゃいけない。 먹으면 안 돼.
見なきゃならない。 봐야 해. (안 보면 안 돼)
うん、ぼくの。 응, 내 꺼야.
これ、何? 이거 뭐야?
どんな人? 어떤 사람이야?
たばこの中で、何が一番好き? 담배 중에서 무엇을 가장 좋아해?
窓開けない? 창문 열지 않을래?
電話かけなかった? 전화 걸지 않았어?
明日ここに来る? 내일 여기에 와?
イギリスを旅行した? 영국을 여행했어?
ううん、しない。 아니, 안 해.
彼も行くって。 그도 간대.
そう。じゃ、私も行く! 그래. 그럼 나도 갈래.
ううん、行かなかった。 아니, 가지 않았어.
海で泳いだ? 바다에서 헤엄쳤어?
そうなんだ。 그렇구나.
海見ただけ。 바다 봤을 뿐이야.
韓国は初めて? 한국은 처음이야?
あ、これ、どうぞ。 아, 이거 써.
プレゼントは? 買わないの? 선물은? 사지 않아?

제19과 커피를 마시고 있어요

そうだなあ…、友達のは買わないけど、彼女のは買う。何がいい?	글쎄…, 친구 것은 안 사도, 여자친구 것은 사. 뭐가 좋아?
うーん…、わからないなあ…。難しい。	응…, 모르겠네…. 어렵네.
何で?	왜?
何でけんかしたの?	왜 싸웠어?
そう。じゃ、私はそろそろ帰るね。お先に。	그래. 그럼, 난 이제 슬슬 집에 갈게. 먼저 갈게.
いいね。何飲む?	좋아. 뭘 마셔?
そうなんだ。じゃ、今晩、焼酎飲む?	그렇구나. 그럼 오늘 밤 소주 마실까?
お帰り。今日はどこ行ったの?	어서 와. 오늘은 어디 갔어?
この本、読んだ?	이 책 읽었어?
貸すよ。	빌려 줄게.
本当? ありがとう。	정말? 고마워.
そうだね。それがいいね。	그래. 그게 좋겠어.
うん。前にも貸したけど、返さなかった。	응. 전에도 책을 빌려 줬는데 안 돌려줬어.
ああ、そう。それは困るね。	아아, 그래. 그거 곤란하지.
そうだったの? 全然知らなかった。ごめんね。	그랬어? 전혀 몰랐어. 미안해.
そう。プレゼントもらった?	그래. 선물 받았어?
へえ、よかったね。じゃ、誕生日のプレゼントに、今日の晩御飯、僕がおごるよ。	그래 잘 됐네. 그럼 생일 선물로 오늘 저녁 내가 살게.
うん!すごく楽しかった。	응, 무척 즐거웠어.
お土産? いいの?	선물? 괜찮아?
あの人、知ってる?	저 사람 알아?
まじめな人だよ。紹介する?	성실한 사람이야. 소개해 줄까?
ありがとう。よろしくね。	고마워. 잘 부탁해.
うん、大丈夫。送別会はどこでするの?	응 괜찮아. 송별회는 어디서 해?
いま考えてる。どうしようかなあ…。	지금 생각하고 있어. 어떻게 할까….

うん、わかった。本当にどうもありがとう。	응 알았어. 정말로 고마워.
ここはどこだ?	여기는 어디야?
記憶が何もないの?	기억이 아무것도 없어?
ああ。女にふられて。	아아. 여자한테 차여서.
殴られたいか?	맞고 싶어?
お前いつも一言多いよ。	너 꼭 한 마디 더 해.
名前は何?	이름은 뭐니?
黙れ。はやくあっち行けよ。	닥쳐. 빨리 저쪽에 가.
それほどでもねえよ。	그 정도는 아니야.
すごい開き直りだ。	대단한 말 돌리기네.
最近何してるの?	요즘 뭐 해?
そういえば、少し太ったね。	그러고 보니 조금 살쪘네.
まずは痩せてから言いなよ。	우선 살이나 빼고 말해.
見ればわかるだろう。	보면 알잖아.
私も欲しい。	나도 갖고 싶어.
気に入るのが見つかるといいな。	마음에 드는 것이 발견되면 좋겠어.
いいじゃん。私に似合いそう。	좋지 않아. 나한테 어울릴 것 같애.
いまはいないけど素敵な彼氏ができるもん。	지금은 없지만 멋진 남자친구 생길 거야.
やだ。いらない!	싫어. 필요 없어!
そもそも彼ってベジタリアンなんじゃないの?	원래 그는 채식주의자 아니야?
お酒は弱いから飲まないの。	술은 약하니까 안 마셔.
やだな。からまないでよ。	싫어 놀리지마.
何か嫌なことあったの?	뭔가 안 좋은 일 있었어?
だって食欲の秋だっていうじゃん。	왜냐하면 가을은 식욕의 계절이라 하잖아!
ごめん。待った?	미안. 기다렸어?
すごく怖いって評判だよ。どうしよう。	굉장히 무섭다고 했어. 어떡해.
でもなにか、照れちゃう。	그래도 뭔가 쑥스러워.

제19과 커피를 마시고 있어요

あなたってマナーもうるさいのね。	당신은 매너에도 까다롭군.
またまた冗談言っちゃって。	또 또 농담하는구나.
ゆるしてくれ。土下座するから。	용서해 줘. 무릎 꿇고 빌게.
何言ってんの? ばかじゃないの?	무슨 소리하는 거야? 바보 아냐?
ぶっ殺すぞ。	죽여 버릴 거야.
喧嘩を売る気か? その喧嘩買ったぜ。	싸워 보자는 거야? 한번 붙어 보자.
あきらめちゃだめだよ。	포기하면 안 돼.
泣くな。男のくせに。	울지 마. 남자잖아.
冗談のつもりで。まずかったかな。	농담한 거지. 잘못된 거 였나.
ご飯おごってね。	밥 사.
わかった。わかったよ。	알았어. 알았다고.
冒険して変になったらやだもん。	모험해서 이상해지면 싫다고.
信じるからイケてる髪型にしてね。	믿을 테니까 괜찮은 스타일로 해 줘.
うらやましいわ。サインもらいたい。	부럽네. 사인 받고 싶어.
いいかげんにしてよ。	적당히 해.
実は頼みごとがあるの。	사실은 부탁하고 싶은 것이 있어.
ええ?? 本気ですか? でもなんで急に?	네에? 진짜요? 그런데 왜 갑자기?
なんだか照れちゃうね。	뭔가 쑥스럽네.
いいじゃん。気にするなよ。	괜찮아. 신경 쓰지 마.
わからんない? 空気読みなよ。	모르겠어? 분위기 파악을 해.
どうしたの?	왜 그래?
いまの時間、地下鉄混んでないかな。	지금 시간 지하철 붐비지 않을까?
もうちょっと我慢しろ。	조금만 더 참아.
本当に世話がやけるな。	정말 귀찮게 하네.
そもそも、うちら外国人だし雇ってもらえるのかな。	원래 외국인인데 채용해 줄까?
わがまま言って!	투정부리기는!

だめに決まってるだろ。	안 되는 게 당연하잖아.
いいじゃん。少しぐらいサービスしたって。	괜찮잖아. 조금은 서비스해도.
お金払ったっけ?	돈 지불했던가?
いい店知っているんだ。一緒に行きたいなあ。	좋은 가게 알고 있거든. 같이 가고 싶은데.
お腹ぺこぺこ。食事つきあってよ。	배가 엄청 고파. 식사 먹으러 같이 가.
いまダイエットしてるの。	지금 다이어트하고 있어.
両親も呼んでいい?	부모님도 불러도 돼?
私たちどこへ行く?	우리 어디 가?
あなたに会うとドキンドキン。	당신을 만나면 가슴이 콩닥콩닥.
短いスカートは履いてくるな。	짧은 스커트는 입고 오지 마.
手をつないでもいい?	손 잡아도 돼?
あなたをもっと知りたいな。時間ある?	당신을 더 알고 싶어. 시간 있어?
ひきこもりで外にでられない。	히키고모리라서 밖에 나갈 수 없어.
紹介遅れたね。俺の実の妹だよ。	소개가 늦었네. 내 친 여동생이야.
疲れたな。すごく眠い。どっかで休んでいこう。	피곤하네. 너무 졸려. 어디서 쉬었다 가자.

문법정리

「~ようと思う」의 사용에 주의할 점

1. 주어가 본인이 아닌 제3자인 경우에는 「~ようと思う」를 쓸 수 없다.
   - **가.** 彼は会社をやめようと思う。(×)

2. 단 2인칭 의문문인 경우에는 가능하다
   - **가.** きみは会社をやめようと思うの。 자네는 회사를 그만두려고 생각해?

3. 「~ようとする」는 주어가 본인이 아닌 제3자인 경우에도 쓸 수 있다.
   - **가.** 彼は会社をやめようとする。 그는 회사를 그만두려 한다.

조사 사용에 있어서 차이점

1. 동작의 장소인가, 존재의 장소인가?

   - **가.** 동작의 장소(で)
     → 教室でお弁当を食べました。
     교실에서 도시락을 먹었습니다.

   - **나.** 행사의 장소(で)
     → あしたこのホールで説明会があります。
     내일 이 홀에서 설명회가 있습니다.

   - **다.** 존재의 장소(に)
     → 机の上に本があります。
     책상 위에 책이 있습니다.

   - **라.** 상태가 나타나 있는 장소(に)
     → 駅の前にいろいろな店が並んでいます。
     역 앞에 여러 상점이 나란히 있습니다.

2. 기점인가, 통과점인가, 도달점인가?

   가. 기점(を)   → 家を出ます。   집을 나옵니다.
   나. 통과점(を) → 橋を渡ります。   다리를 건넙니다.
   다. 도달점(に) → 家に入ります。   집에 들어갑니다.

3. 동작의 상대인가, 함께 동작하는 상대인가?

   가. 동작의 상대방(に)
   → 父に写真をみせます。
   아버지에게 사진을 보입니다.

   나. 함께 동작하는 상대방(と)
   → 私はみちこさんと結婚したいです。
   저는 미치코 씨와 결혼하고 싶습니다.

4. 기점인가, 귀착점인가?

   가. 사물의 기점(から)
   → 財布からお金を出します。
   지갑으로부터 돈을 꺼냅니다.

   나. 사물의 귀착점(に)
   → 財布にお金を入れます。
   지갑에 돈을 넣습니다.

5. 목적인가, 원인인가, 수단·방법인가, 재료·원료인가?

   가. 목적(に)
   → この辺は買物に便利です。
   이 부근은 쇼핑하기에 편리 합니다.

   나. 원인(で)
   → 事故で電車が止まっています。
   사고로 전철이 멈춰서 있습니다.

다. 수단・방법(で)
→ 英語で手紙を書きます。
　영어로 편지를 씁니다.

라. 재료(で)
→ 紙で人形を作ります。
　종이로 인형을 만듭니다.

마. 원료(から)
→ 日本酒は米から作ります。
　일본 술은 쌀로부터 만듭니다.

6. 시작인가, 끝인가, 혹은 기한인가?

가. 시간(に)
→ 授業は九時に始まります。
　수업은 9시에 시작합니다.

나. 시간의 시작과 끝(から, まで)
→ 銀行は九時から三時までです。
　은행은 9시부터 3시까지입니다.

다. 시간의 기한(までに)
→ 九時半までに空港に着かなければなりません。
　9시 반까지 공항에 도착하지 않으면 안 됩니다.

라. 시간의 한도(で)
→ あと五分で試験が終わります。
　앞으로 5분 뒤에 시험이 끝납니다.

문화

● 일본 우동

일본의 대표적인 먹거리인 우동은 지역에 따라 맛도 여러 가지이다. 대표적인 우동을 소개하면 다음과 같다.

1. 秋田ーいなにわうどん
   이나니와 우동은 300년 이상의 역사를 가지는데, 작은 우동으로 분류될 정도로 면발이 가늘다. 예부터「まぼろしのうどん」이라고도 불려왔다.「まぼろし」는 언젠가는 사라지는, 즉 허무하다는 뜻이다.

2. 群馬ー水沢うどん
   미즈사와 우동은 400년 역사를 가지고 있는데, 반투명하면서 윤기가 흐르며, 게다가 찰기가 있는 것이 매력이다. 주로「ざるうどん」(모밀국수처럼 우동을 소스에 찍어먹는 것)으로 먹는다.

3. 山梨ーほうとう
   오랫동안 우려낸 국물에 채소를 듬뿍 넣어 먹는 우동이다. 된장으로 간을 맞춘다. 또 관동지방으로 갈수록 국물 색깔이 검고, 관서지방으로 갈수록 국물이 투명한 것도 특징이다.

4. 名古屋ーきしめん
   키시멘은 면이 평평하고, 꽃가다랭이와 잘게 썬 파가 듬뿍 들어 있는 우동이다. 진한 향과 감칠맛이 일품이다.

5. 三重ー伊勢うどん
   이세 우동은 면이 하얗고, 두툼한 게 특징이다. 양념은 새까맣기 때문에 아주 매워 보이지만 단맛이 더 강한 양념이 특징이다.

6. 大阪ーきつねうどん
   키츠네 우동은 네모나게 썬 튀김, 맑은 색을 띠는 국물, 그리고 면으로 구성된 대표적인 우동이다. 전국적으로 가장 친근하게 맛볼 수 있는 우동이다.

7. 香川ーさぬきうどん
   사누키 우동은 뭐니 해도 찰기와 목에 넘어갈 때 착 감기는 맛이 매력이다. 우동의 발상지인 만큼 여러 가지 우동을 맛볼 수 있다. 보통 우동에 간장을 약간 떨어뜨려 먹는다.

8. 福岡ー丸天うどん
   마루텐 우동은 큐슈에서 볼 수 있는 동그란「さつま揚げ」(생선을 갈아서 채소와 함께 튀긴 것)을 얹은 우동이다.「さつま」는 鹿児島県의 옛날 이름이다.

9. 熊本ーだんご汁, だご汁
   단고지루란 단고(경단-하얀 떡)가 들어 있는 국물이다. 너무 부드럽지 않게 귓불 정도의 느낌으로 반죽한 경단을 된장으로 맛을 낸다.

다음 문장을 밑줄 친 부분에 유의하면서 日訳해 보자.

1. 그렇게 말해 버리면 이쪽이 난처해져.

    ⇨

2. 등산이란 좋은 운동인 것 같애.

    ⇨

3. 참석하지 않으면 곤란해.

    ⇨

4. 그것으로 괜찮겠어.

    ⇨

제20과 편도로 좋으시겠습니까?

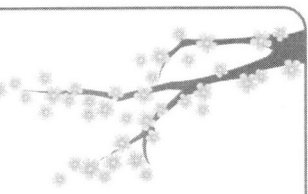

생활 일본어, ~でよろしいですか, ~したいんですが, ~でお願いします, ~ていただけますか, ~てもいいですか, ~何ですか, ~んですが, ~てください, ~たらいい, ~間違えました, ~みたいだ, ~に間に合う, ~が買えます, ~でも構いません, ~となっております, ~はずです, ~ようになっています, ~てくださいませんか, ~ないと, ~させてもらえます, ~てよかった, ~って何ですか, ~かねます

기본문형

1 ~でよろしいですか　　　　　　　　~으로 좋겠습니까
片道でよろしいですか。　　　　　　편도로 좋으시겠습니까?

2 ~したいんですが　　　　　　　　　~하고 싶습니다만.
大阪行きの飛行機を予約したいんですが。
　　　　　　　　　　　　　　　　　오사카 행 비행기를 예약하고 싶습니다만.

3 ~でお願いします　　　　　　　　　~으로 부탁합니다
後ろのほうの席でお願いします。　　뒷좌석으로 부탁합니다.

4 ~ていただけますか　　　　　　　　~해 주시겠습니까?
チケットをちょっと見せていただけますか。
　　　　　　　　　　　　　　　　　티켓을 잠깐 보여 주시겠습니까?

5 ~てもいいですか　　　　　　　　　~해도 됩니까?
携帯電話は使ってもいいですか?　　휴대전화는 사용해도 됩니까?

6 ~何ですか　　　　　　　　　　　　~무엇입니까?
旅行の目的は何ですか。　　　　　　여행 목적은 무엇입니까?

7 ~んですが　　　　　　　　　　　　~인데요
私のかばんが出てこないんですが。　제 가방이 나오지 않는데요.

8 ~てください　　　　　　　　　　　　　~해 주세요
　　パスポートを見せてください。　　　　여권을 보여 주세요.

9 ~たらいい　　　　　　　　　　　　　~하면 되다
　　どう行ったらいいですか。　　　　　　어떻게 가면 됩니까?

10 ~間違えました　　　　　　　　　　　잘못~했습니다
　　バスに乗り間違えました。　　　　　　버스를 잘못 탔습니다.

11 ~みたいだ　　　　　　　　　　　　　~인 것 같다
　　反対方向のバスに乗ったみたいです。
　　　　　　　　　　　　　　　　　　　반대방향의 버스를 탄 것 같습니다.

12 ~に間に合う　　　　　　　　　　　　~에 시간에 대다
　　八時の飛行機に間に合うでしょうか。
　　　　　　　　　　　　　　　　　　　8시 비행기에 맞출 수 있을까요?

13 ~が買えます　　　　　　　　　　　　~을 살 수 있어요
　　そこのみどりの窓口で切符が買えます。
　　　　　　　　　　　　　　　　　　　그곳의 미도리 창구에서 표를 살 수 있어요.

14 ~でも構いません　　　　　　　　　　~라도 상관없어요
　　自由席でも構いません。　　　　　　　자유석이라도 상관없어요.

15 ~となっております　　　　　　　　　~으로 되어 있습니다
　　こちらは普通席が売り切れとなっております。
　　　　　　　　　　　　　　　　　　　이쪽은 보통석이 매진되어 있습니다.

16 ~はずです　　　　　　　　　　　　　~일 것입니다
　　免許を持ってきたはずです。　　　　　면허증을 틀림없이 가지고 왔을 거예요.

17 ~ようになっています　　　　　　　　~하게 되어 있습니다
　　お風呂はこちらから行くようになっています。

목욕탕은 이쪽에서 가게 되어 있습니다.

18 ~てくださいませんか　　　　　　┃~해 주시지 않겠습니까?
　新しいのと換えてくださいませんか。
　　　　　　　　　　　　　　　　　새 것과 바꾸어 주지 않겠습니까?

19 ~ないと　　　　　　　　　　　　┃~해야지
　着てみないと。　　　　　　　　　입어 봐야지.

20 ~させてもらえます　　　　　　　┃~하게 해주다
　これ、ちょっと使わせてもらえますか。
　　　　　　　　　　　　　　　이것 잠깐 사용하게 해 주겠습니까?(사용하겠습니다)

21 ~てよかった　　　　　　　　　　┃~하길 잘했다
　来てよかった。　　　　　　　　　오길 잘했어.

22 ~って何ですか　　　　　　　　　┃~이 뭐예요?
　デビッドカードって何ですか。　　데빗 카드가 뭐예요?

23 ~かねます　　　　　　　　　　　┃~하기 곤란하다, ~하기 어렵다
　それはお答えいたしかねます。　　그것은 대답해 드리기 어렵습니다.

문형활용

백화점

割引はしていませんか？　　　　　　　　할인은 안 하나요?
試着できますか？　　　　　　　　　　　입어 볼 수 있어요?
もっと大きいサイズはありませんか？　　좀더 큰 사이즈는 없어요?
他の色はありませんか。　　　　　　　　다른 색은 없어요?
洗濯機で洗えますか。　　　　　　　　　세탁기로 빨 수 있나요?
手洗いできますか。　　　　　　　　　　손세탁이 가능한가요?
配達してもらいますか。　　　　　　　　배달해 줄 수 있겠습니까?
返品させてもらえますか。　　　　　　　반품하게 해 줄 수 있습니까?
おまけしますね。　　　　　　　　　　　덤으로 드릴게요.

화장품 가게

肌が荒れていますね。　　　　　　　　　피부가 까칠하네요.
混合肌です。　　　　　　　　　　　　　혼합성 피부에요.
そのリップはどこのブランドですか。　　그 립스틱 어디 브랜드에요?
化粧が濃いです。　　　　　　　　　　　화장이 진해요.
地味な顔ですね。　　　　　　　　　　　수수한 얼굴이네요.
化粧ばえのする顔ですね。　　　　　　　화장발 받는 얼굴이네요.
痩せて目が二重になりました。　　　　　살 빠져서 눈에 쌍꺼풀이 생겼어요.
化粧しないと幽霊に間違えられるの。　　화장 안 하면 사람들이 유령인 줄 알아.

방송

どんなテレビ番組が好きですか。　　　　어떤 텔레비전 프로그램을 좋아해요?
お笑いを見るのが好きです。　　　　　　개그를 보는 것을 좋아합니다.
私はニュースしか見ません。　　　　　　저는 뉴스만 봅니다. (뉴스밖에 보지 않습니다)

好きな芸能人は誰ですか。　　　　　　　좋아하는 연예인은 누구입니까?
どんな歌がすきですか。　　　　　　　어떤 노래를 좋아해요?

교통

ここから一番近い駅はどこですか。　　　여기에서 가장 가까운 역은 어디입니까?
バス乗り場はどこですか。　　　　　　　버스 정류장은 어디입니까?
地下鉄に乗りたいんですが。　　　　　　지하철을 타고 싶은데요.
子供料金はいくらですか。　　　　　　　어린이 요금은 얼마입니까?
成田空港まで何分かかりますか?　　　　나리타 공항까지 몇 분 걸립니까?
旅行で来ました。　　　　　　　　　　　여행 왔습니다.
申し訳ありませんが、大久保通りに着いたら教えていただけますか。
　　　　　　　　　　　　　죄송한데요, 오쿠보 거리에 도착하면 알려 주시겠어요?
名古屋行きの新幹線は何時にありますか。　나고야 행의 신칸센은 몇 시에 있습니까?
どう行ったらいいですか。　　　　　　　어떻게 가면 됩니까?
一つ前で降りてしまいました。　　　　　하나 앞에서 내려 버렸어요.
乗り間違えたみたいです。　　　　　　　잘못 탄 것 같아요.
まっすぐ行くと右にホテルがあります。　곧장 가면 오른쪽에 호텔이 있습니다.
タクシーお願いしたいんですが。　　　　택시 부탁하고 싶은데요.
こちらは普通席が売りきれとなっております。　이쪽은 보통석이 매진이 되어 있습니다.
これは仙台行きの電車ですけど…。　　　이것은 센다이 행 전철입니다만.
ここ、空いていますか。　　　　　　　　여기 비어 있나요?
ここに車を止めても大丈夫ですか。　　　여기에 차를 세워도 괜찮아요?
タイヤがパンクしてしまいました。　　　타이어가 펑크나 버렸습니다.
スピード落として。　　　　　　　　　　속도 줄여.
道に迷いました。　　　　　　　　　　　길을 잃었어요.
交番まで連れて行ってください。　　　　파출소까지 데려다 주세요.
どう行ったらいいかご存じですか。　　　어떻게 가면 되는지 아세요?

もう少しゆっくり話していただけませんか。   좀더 천천히 말해 주실 수 없나요?
そこまで直接行くバスはありますか。   거기까지 직접 가는 버스는 있습니까?

아르바이트

外国人も働けますか。   외국인도 일할 수 있습니까?
体力にだけは自信があります。   체력만큼은 자신이 있습니다.
お客様は神様です。   손님은 왕입니다.
時給をあげてください。   시급을 올려 주세요.
夜は時給が上がりますか。   밤에는 시급이 올라갑니까?
交通費もください。   교통비도 주세요.
まかない料理はできますか。   식사도 제공되나요?
週末は休みたいです。   주말은 쉬고 싶어요.
飲食店で働いています。   음식점에서 일하고 있습니다.
店長までのぼりつめたいんです。   점장까지 올라가고 싶습니다.
最近バイトがくびになったんだ。   얼마 전에 아르바이트 짤렸어.

미용실

髪をちょっとすいてもらえますか。   머리 숱 조금만 쳐 주세요?
ただ髪をそろえたいだけだから。   그냥 머리를 좀 다듬고 싶을 뿐이니까?
誰の出待ちをしているんですか?   누가 나오기를 기다리고 있는 거예요?

취업 면접

なぜこの会社に入りたいのですか?   왜 이 회사에 들어오고 싶습니까?
動機を聞かせてください。   동기를 말해 주세요.
あなたの得意分野はありますか?   당신이 자신할 수 있는 분야는 있습니까?
あなたはこの会社に就職したら何をしたいんですか?
   당신은 이 회사에 취직하면 무엇을 하고 싶습니까?

お給料はどのぐらい欲しいですか?	원하는 급료는 어느 정도입니까?
自分の長所と短所を言ってください。	자신의 장점과 단점을 말해 주세요.

비행기

このかばん、機内に持ち込めますか。	이 가방 기내에 갖고 탈 수 있나요.
東京行きの飛行機を予約したいんですが。	동경 행 비행기를 예약하고 싶은데요.
エコノミークラスでよろしいですか。	이코노미 클래스로 괜찮으시겠어요?
午前十一時と午後三時とどちらがよろしいですか。	오전 11시와 오후 3시 어느 쪽이 좋으시겠어요.
かばんをちょっと開けていただけますか。	가방을 좀 열어주시겠습니까?
お名前をいただけますか。	성함을 알려 주시겠습니까?
お預けになるお荷物はございますか。	맡기실 짐은 있습니까?
それでは、お気をつけて行ってらっしゃいませ。	그럼 조심해서 다녀오십시오.
お飲み物は何になさいますか。	마실 것은 무엇으로 하시겠습니까?
飲み物をいただけますか。	마실 것을 좀 주시겠어요?
失礼ですが、日本の方ですか。	실례지만 일본분이십니까?
席にお座りください。まもなく離陸いたしますので。	자리에 앉으세요. 곧 이륙할 거라서.
あのう、顔色が悪いようですが、大丈夫ですか。	저 안색이 좋지 않는데 괜찮으세요?
荷物を上げるのをちょっと手伝っていただけませんか。	짐을 올리는 것을 좀 도와주시겠어요?
申し訳ございませんが、機内では電源をお切りください。	죄송합니다만, 기내에서는 전원을 꺼 주세요.
入国カードに日本での連絡先を書いてください。	입국카드에 일본에서의 연락처를 적어 주세요.

パスポートを見せてください。　　　　　여권을 보여 주세요.
何か申告する物はありますか。　　　　　뭔가 신고할 물건은 있습니까?

은행

お年寄りも使いやすいです。　　　　　　노인에게도 사용하기 쉽습니다.
遅くても来週には届きます。　　　　　　늦어도 다음 주에는 도착할 겁니다.
はんこがなくてもサインでも構いません。　도장이 없어도 사인이라도 상관없습니다.
口座は開きたいんですが。　　　　　　　계좌를 개설하고 싶은데요.
キャッシュカードもお作りになりますか。　현금카드도 만드시겠습니까?
八日までに申し込んでください。　　　　8일까지 신청하십시오.

다음 문장을 밑줄 친 부분에 유의하면서 日訳해 보자.

1. 비즈니스 석으로 부탁합니다.

   ⇨

2. 이사 준비를 좀 도와 주시겠습니까?

   ⇨

3. 9시 강의에 맞출 수 있나요?

   ⇨

4. 어떤 책이라도 상관없습니다.

   ⇨

참고문헌

内堀明・斉藤信浩 공저, 악센트 일본어 단어, 제이앤씨, 2003.8
소현점, 혼자 배우는 기초 생활 일본어, 맑은창, 2007.10
이덕봉 외 3인 공저, 체험 일본어 "ここは日本", 시사일본어사, 2006.3
김옥영 외 2인 공저, 일본문화와 함께 하는 회화 여행, 제이앤씨, 2003.8
최충희 외 2인 공저, 다락원 일본어 회화 기초, 다락원, 2002.3
시사일본어 편집부, 新분카일본어, 시사일본어사, 2001.6
일본어교양교재간행위원회 편, 일본어강의, 경남대학교 출판부, 2006.3
(財)일본어교육진흥협회 편, 혼자서 배우는 일본어, 1997.3
정진우・박영순 공저, 국내 호텔・관광 일본어 회화, 종합출판, 2002
김태호 외 2인 공저, 다락원 주니어 일본어1, 다락원, 2007.4
김옥영, 니홍고야 놀자, 제이앤씨, 2001.3
柴田文武, 배우기 쉬운 실용일본어회화, 학사원, 2001.3
최충희 외 2인 공저, New 다락원 일본어 Step 1, 다락원, 2006.11
김혜옥, 관광통역일본어, 정진출판사, 2003.1
이길원 외 3인 공저, 일본어강의1, 동아대학교출판부, 2003.3
水谷信子, 신일본어 리스닝 일본어 1, 다락원, 2005.1
柴田文武, 배우기 쉬운 최신 뉴스일본어1, 학사원, 2001.10
최광준・도쿠야스 사타코 공저, となりの日本, 제이앤씨, 2003.8
C&P일본어교육・교재연구회 편, 중급 일본어 작문, 진명출판사, 2005.3
오현정 외 4인 공저, 다락원 다이나믹 일본어 Step1, 다락원, 2006.1
김옥영, 니혼고야 놀자 중급, 제이앤씨, 2001.2
최진호, 왕초보 일본어회화 표현사전, 랭컴, 2009.5
HD어학교재연구회, 왕초보를 위한 일본어회화 활용사전, 하다북스, 2008.1
이지랭기지 스터디 엮음, 통기초 일본어 생활회화, 정진출판사, 2009.9
일본어 ED, 뱅크 일본어문법, 일본어뱅크・중국어뱅크, 2009.6
글로벌 어학연구소・조영주 저, 마침표 일본어 문법, 글로벌문화원, 2009.7
강석기, 독학 한국인에게 가장 쉬운 일본어 첫걸음 뉴뉴, 씨앤톡, 2009.9
후지이 아사리, 듣기만 해도 말이 나오는 일본어 무작정 따라하기, 길벗 이지톡, 2007.8
송규원・신노 토모코, 시스템 일본어 문법, 사람in, 2007.1
커뮤니케이션 일본어연구회, 일미리 일본어 첫걸음, 사람in, 2008.8
김경희・아이우에오클럽, 프라프라 일본어 첫걸음, 넥서스 JAPANESE, 2006. 5
박지현, 손쉽게 떠먹는 일본어 첫걸음, (주)시사일본어, 2007.8
김연수, 35일 완성 일본어문법, 동양문고・상상공방, 2008.11
박소영・함수진, 미녀통역사와 함께하는 일본어 첫데이트, 성안당, 2009.9

후지타 사유리, 미수다 사유리의 일본어 리얼 토크, (주)도서출판 넥서스, 2009.10
문오준, 혼자서 배울 수 있는 일본어 회화 첫걸음, 우성출판사, 2008.9
한일언어연구원, 기상부터 취침까지 일상동작 일본어 회화, 제일어학, 2007.4
한정화, 일본어 처음 배우십니까?, 국제어학연구소, 2008.3
Enjc스터디 엮음, 혼자서 당당하게 다시 시작하는 일본어회화첫걸음 기초편, 2007.10
박대화, 일본어 단숨에 따라잡기, 랭컴, 2009.7
최충희·마치다 고유키·김현정, 다락원 일본어 회화 기초, 다락원, 2002.3
이미숙·김옥임·남득현, 20문형으로 배우는 와이즈 일본어문법 2, 2007.2
반노신지·박세리·김지민, 업그레이드 말문이 터지는 일본어 첫걸음, 넥서스JAPANESE, 2008.5
한정화, 독학 일본어회화 첫걸음, 국제어학연구소, 2008.1
오현정·하스이케 이즈미·박행자·아이자와 유카·박준호, 다락 다이나믹 일본어 Step 1, (주)다락원, 2006.1
HLI어학연구소, 세상에서 제일 쉬운 일어책 일본어는 히라가나가 첫걸음이다!, Vitamin Book, 2009.6
Enjc 스터디 엮음, 일본어회화 첫걸음부터 시작할까요?, 랭컴, 2008.1
장태봉, 초 30일 완성 일본어문법, (주)시사일본어사, 2008.3
HD어학교재연구회, 30일 만에 끝내는 왕초보 핵심 best 일본어회화, 하다북스, 2008.11
박유자 편, 필수 일본어 문형, 제이플러스, 2007.12
정의상·정일영 공저, 50가지 표현으로 배우는 일본어 기본 문형, YBM si-sa, 2003.4
二日市壮 외 3인 공저, 뉴 다락원 일본어 4, 다락원, 2008.3
友松悦子·和栗雅子 공저, 20일만에 먹어치우는 일본어문법, 시사일본어사, 2008.9
박소영·함수진 공저, 일본어 첫 데이트, 성안당, 2009.9
김가영 편, 일본 네이티브가 가장 많이 쓰는 일본어 표현 BEST, 송산출판사, 2010.2
김연수, 생 SHOW 리얼 TALK 일본어 회화, 진명출판사, 2008.7
후지이 아사리, 일본어 현지 회화 무작정 따라하기, 길벗 이지톡, 2008.8
송상엽 엮음, 실용 일본어회화 사전, vitamin Book, 2007.3
요시·정선영 공저, 바로바로 골라 쓰는 일본어회화 핵심표현 2000, 씨앤톡, 2007.5
오화정·姜梨恵 공저, 두고 두고 보는 일본어회화 표현사전, 도서출판 리브리언, 2008.5
황금자, 상황별로 익히는 핵심 패턴 일본어회화, 와이엘북, 2008.2
水野俊平, 동시통역 일본어회화 사전, 제이플러스, 2009.4

저자약력

정인문

동아대학교 대학원 국어국문학과 박사과정 수료(문학박사)
일본 大東文化대학 대학원 문학연구과 박사후기과정 일본근대문학 전공 수료(일본문학 박사)
일본 츠쿠바대학 대학원 인문사회과학연구과 박사후기과정(일본문학 박사, 논문박사)
문학평론가(「조선문학」신인상 평론 당선 데뷔)
부산광역시, 한국문인협회 회원, 동아문인협회회원, 조선문학문인협회회원
한국일본근대학회 회장
대한일어일문학회 학술이사, 감사, 편집위원
일본어문학회 학술이사
한국일본어문학회 이사
동아시아학회 편집이사, 출판이사, 학술이사
한일일어일문학회 학술이사
동일어문학회 이사
한국일본근대문학회 이사
경상남도 지방공무원 임용시험 문제출제위원
부산광역시 지방공무원 임용시험 문제출제위원
소방위・지방소방위 승진시험 필기시험 출제위원
관광통역안내사 국가자격시험 면접위원
부산여자대학 관광통역과 교수
경상대학교 대학원 일본학과 박사과정 강사
부산외국어대학교 대학원 일본어과 박사과정 강사
동아대학교 일어일문학과 교수
동아대학교 일어일문학과장, 대학원 일어일문학과장, 교육대학원 일어교육전공 주임교수
고려대학교 박사학위 논문심사위원
경상대학교 박사학위 논문심사위원장
부산외국어대학교 박사학위 논문심사위원장
동아대학교 교수업적 평가 최우수 교수
동아대학교 최우수 강의 교수
유학생 일본어 논문 콘테스트 최우수상
2007년도 대한민국학술원 선정 최우수 학술도서(일본 명치기 문학논쟁사) 수상
2008년도 대한민국학술원 선정 최우수 학술도서(1910,20년대 한일 근대문학 교류사) 수상

정인문 박사 일본어 학습 시리즈 2

초급에서 중급까지 문형을 활용한 일본어 회화

초판인쇄 2011년 1월 26일
초판발행 2011년 2월 10일

저　　자　정인문
발 행 인　윤석현
발 행 처　제이앤씨
책임편집　조성희
등록번호　제7-220호

우편주소　(132-040) 서울시 도봉구 창동 624-1 북한산 현대홈시티 102-1206
대표전화　(02)992-3253
전　　송　(02)991-1285
홈페이지　http://www.jncbms.co.kr
전자우편　jncbook@hanmail.net

· 저자 및 출판사의 허락 없이 이 책의 일부 또는 전부를 무단복제·전재·발췌할 수 없습니다.
· 잘못된 책은 바꿔 드립니다.

ⓒ 정인문 2011 All rights reserved. Printed in KOREA

ISBN 978-89-5668-829-9 13730　　　　　정가 14,000 원